Viktor Slavkin

CERCEAU

Viktor Slavkin

CERCEAU

EEN TONEELSTUK IN DRIE BEDRIJVEN

PREMIÈRE TAGANKA THEATER (MOSKOU) 4 JULI 1985
VERTAALD DOOR ANNE STOFFEL

ISBN nr. 90-6403-168-1
International Theatre Bookshop
Leidseplein 26
1017 PT Amsterdam

This programme is conceived by Stichting Mickery Workshop (Amsterdam) and
edited by the International Theatre Bookshop (Amsterdam)

Editing: Jan Zoet, Liesbeth Jansen
Design: Bob Takes
Photo's: A. Sternin
Type Setting: Carla Busse-van Pol / Alie Boers

TRANSLATIONS

CERCEAU

© Dutch translation by Anne Stoffel
With special thanks to Kazimierz Cybulski and Boris Abarov

English version by Thea Hagemeijer with Louis Smit and Roderick Leigh
© Stichting Mickery Workshop

'Introduction' (by R. ten Cate)
English translation: Ton v.d. Lee

'Anatoli Vasiljev and the School of Drama Art'
'Anatoli Vasiljev' (from Teatralni Bjoelletin, 1987, Interview by Ljoebimov
    Kostov'
'Viktor Slavkin' (by G. Kozjoechova)
Dutch translation: Rob Vunderink
English translation: Ton v.d. Lee

'Letter to Barbara Lehmann' (from Viktor Slavkin)
Dutch translation: Sjifra Herschberg
English translation: Ton v.d. Lee

'Synopsis'
English translation: Roderic Leigh, Jan Zoet

It is prohibited to film, take pictures or make sound recordings during the
performance

Stichting Mickery Workshop
Herenmarkt 12
1013 ED Amsterdam
(020) 234968

INHOUDSOPGAVE / CONTENTS

Vanaf het begin, nu ongeveer een jaar geleden, zijn voor mij de première van *Ajax*, dat in de regie van Peter Sellars door het American National Theatre in Washington werd gepresenteerd, en die van *Cerceau*, dat in regie van Anatoli Vasiljev door het Taganka Theater in Moskou werd uitgebracht, verschijningsvormen van eenzelfde daad geweest. De mogelijke presentatie ervan in Nederland een droom. Toch werd Ajax, een bewerking door Robert Auletta van het gelijknamige stuk van Sophokles, een maand geleden in (onder andere) het Holland Festival gepresenteerd. *Cerceau*, (de Russische tegenvoeter in de tijd) geschreven door Viktor Slavkin, komt via Theater der Welt in Stuttgart tot ons op weg naar het London International Festival of Theatre. Zo paradoxaal vanzelfsprekend als het nu lijkt, zo onwaarschijnlijk en onhaalbaar was dat, en dat geldt voor beide, niet zo lang geleden.

Laat me de lijnen nog maar even doortrekken. *Ajax* werd, na een oorverdovende première, afgeslacht en verguisd in Washington. Wie het stuk inmiddels zag, zal begrijpen waarom het ter plekke moeilijk te pruimen was. Het is in Washington immers niet vanzelfsprekend om een stuk te plaatsen tegen de achteringang van het Pentagon en de rollen van Ajax en de andere Griekse legeraanvoerders te laten spelen door de hoogste bevelhebbers van Amerikaanse legeronderdelen. Nog voor het vertrek naar Californië, waar het stuk met succes werd gespeeld, leidde de rel in Washington tot opheffing van het American National Theatre.

Tezelfder tijd signaleerde Theater Heute het overrompelende succes van *Cerceau* in Moskou: een theaterbelevenis van de eerste orde in een tijd waarin het woord 'glasnost', door Gorbatsjov geïntroduceerd, schoorvoetend inhoud begon te krijgen. In mijn interpretatie, zoiets moet gehonoreerd. Begrijp me goed, dat geldt evenzeer voor *Ajax* en de daaruit resulterende ontploffing, als voor de plotselinge hoop die spreekt uit het succes van *Cerceau* in Moskou.

Culturele uitwisseling, in welke vorm dan ook, en we hebben daarvan nogal wat vormen mogen en kunnen (en moeten) beproeven, heeft in essentie vaak iets weg van 'aapjes kijken in Artis', tenzij er bij de produktie al rekening mee is gehouden, dat de voorstelling ook buiten de eigen doelgroep zichtbaar gaat worden. In beide gevallen, zowel het Amerikaanse als het Russische, is bekend dat er in beginsel alleen voor de eigen achterban bedoeld werd te spelen. In die zin kun je *Ajax* een soort super Amerikaanse Disney-versie vinden van een oeroud, Europees gegeven. Kijken we naar de vraag of de essentie van het stuk in onze Europese context tot werking is gebracht, dan komen we al snel heel wat positiever uit.
De opheffing van het gezelschap is het meest banale voorbeeld. Als afgeleide is mijn, onze, en dus vertekende reaktie op wat er in Amerika werkelijk gebeurde evenzeer een voorbeeld. Let wel, niet de rel, maar het feit dat een toen 28-jarige regisseur de kat de bel aanbond in een tijd op een plek waar dat allerminst voor de hand lag.

Gek genoeg was het ook in die dagen, dat Peter Sellars en ik, al pratend, ontdekten, dat we, ongeveer in dezelfde tijd, alle stukken van Taganka zagen. De tijd waarin Ljoebimov, de toenmalige regisseur en theaterleider, nog net niet vertrokken was naar Londen, om bij Peter James zijn 'Crime and Punishment' te presenteren. Vervolgens kreeg hij te horen, dat hij thuis niet meer welkom was en leidt hij sindsdien een zwervend artistiek bestaan. Een vertegenwoordiger van hoog gekwalificeerd theater en politiek opportunisme.

Sellars, in sommige opzichten evenzeer een 'exile', zelfs in eigen land, laat zich wat dat betreft geen oor aannaaien. Als geen ander integreert hij het overeind blijven in een mediawereld in zijn werk als kunstenaar. Via persoonlijke ontmoetingen en via zijn eigen medium, theater en opera, helpt hij de media aan hun gerief.

Toch heeft Sellars een diepgeworteld wantrouwen tegen alles wat hij buiten Amerika doet, omdat hij zijn voedingsbodem, Amerika, zijn wortels, moet missen. Hij weet echter met allure van de verworvenheden van onze moderne wereld gebruik te maken.

Dat kan, en mag, je van de Russen niet verwachten. Hoe je het ook draait, ze komen uit een andere wereld dan de onze. (Alsof Amerika zo hetzelfde is. Toch is het herkenbaarder. Het Amerikaanse referentiekader wordt ons dagelijks toegediend.)

H.J.A. Hofland ontdekte, op terugreis uit Rusland, aan de grens, dat het leek alsof het gras hier een tint groener was geschilderd, veelkleuriger, ingewikkelder, minder gelijkgeschakeld ook. We hebben er, bewust of onbewust, mee leren leven. Jaren geleden al waren hier geluiden te horen, die de groeiende influx van het beeld, ook in het theater, verklaarden door het (mede door de media) verworden van het woord. In Rusland is juist dat woord, niet zelden aan vervolging blootgesteld, nimmer aan slijtage onderhevig geweest. Pogingen om visueel en beeldend theater als belangrijkste betekenislaag te laten funktioneren zijn er vooralsnog niet aan de orde. Ondanks Gorbatsjov's 'nieuwe kultuurpolitiek'.

Friedrich Dürrenmatt bezocht in februari van dit jaar voor het eerst sinds twintig jaar weer de Sovjet-Unie. Hij was er op uitnodiging van Gorbatsjov, samen met schrijvers, kunstenaars, wetenschappers en industriëlen uit Oost en West. Ook hij konstateert (in Theater Heute van april 1987) een enorme opleving in intellectuele kringen, al geeft hij toe niet te kunnen overzien hoe breed het draagvlak buiten Moskou is. Wat hem opvalt, en

9

treurig stemt, is het verschil in waardering voor theater: in het Westen is theater een puur esthetische aangelegenheid die zich ophoudt aan de rand van de cultuur. In Rusland is het een politiek gegeven van de eerste orde, een warm kloppend hart in het midden van de samenleving. Hierom, en omdat zelfs de geur van 'glasnost' gehonoreerd dient te worden (en niet in de vorm van discussies over of het 'wel genoeg is'), is het belangrijk dat deze voorstelling hier kan worden gezien.

Als *Ajax* dus Disney is, is *Cerceau* in die zin ouderwets. Theater Heute (juni 86) verwijst, in een poging het stuk in een West-Europees kader te plaatsen, naar Grüber's enscenering van Pirandello's 'Zes personages op zoek naar een auteur' en naar Peter Stein's 'Zomergasten'. Over de stijl van enscènering refereert het blad aan schilderijen van Edward Hopper en films van Tarkovski.
Een tekstboek als dit, is dus niet overbodig. Zonder dat is het aapjes kijken in Artis geblazen, omdat het hier gaat om een voorstelling waarin het evenwicht tussen vormgeving en de warmbloedig gespeelde essentie van wat wel en wat niet gezegd wordt van belang is.

Daarmee is het kringetje rond en kan ik, tot slot, hetzelfde zeggen als indertijd bij *Ajax*. Het gaat er niet in de eerste plaats om of we deze voorstelling als de meest hapklare mogen beschouwen, die we ooit hebben mogen ervaren.
Belangrijker is het te ontdekken wat de ene mens de andere te melden heeft over alle grenzen heen. Ook *Cerceau* doet dat, in de terechte verwachting dat wij aan de andere kant van de speelgrens bereid zullen zijn die worsteling zo'n vier uur aan te willen gaan.

Ritsaert ten Cate,
juni 1987

ANATOLI VASILJEV EN DE SCHOOL DER DRAMATISCHE KUNST

Regisseur Anatoli Vasiljev (1942) studeerde scheikunde aan de universiteit van Rostov, was marinier en volgde vanaf 1968 de regieopleiding aan het Staats Instituut voor Theaterkunst. Na zijn studie regisseerde hij in 1973 bij het Moskou Kunst Theater 'Solo voor een wekker' van Zagradnik. In 1977 werd hij gevraagd om bij het befaamde Stanislavski Theater te komen werken, dat toen onder leiding stond van Andrei Popov, zijn voormalige leraar op de theaterschool. Zijn regie van 'Vass Zheleznova. Eerste versie' van M. Gorki werd zeer positief door de critici onthaald vanwege de 'interessante en frisse aanpak van een klassieker'. Na werk voor TV en radio, onder andere Toergenjev en Oscar Wilde, regisseerde hij 'De volwassen dochter van een jonge man', het eerste avondvullende stuk van Viktor Slavkin, dat in 1981 in première ging. Ljoedmila Poljakova, Joeri Grebensjtsjikov, Albert Filozov en Boris Romanov, die allen ook in *Cerceau* zouden meespelen, ontwikkelden met Vasiljev een voor Rusland nieuwe vorm en stijl van theatermaken, die ze zelf omschrijven als 'Theater van de nieuwe golf', geïnspireerd op films van Renoir en de eigen theatrale ervaringen.

De voorstelling was zeer succesvol, alhoewel niet echt geliefd in officiële theaterkringen.

Toen in 1982 Alexander Tovstogonov, zoon van de beroemde Georgi Tovstogonov, als opvolger van Andrei Popov, naar het Stanislavski Theater werd gehaald, werd de groep rond Vasiljev buiten de deur gezet.

Joeri Ljoebimov, toen nog leider van het Taganka Theater, stelde onmiddellijk de studio van het Taganka ter beschikking. Er kon worden gerepeteerd en er was zelfs geld voor het bouwen van een decor. Daarmee hield het op, zeker toen Ljoebimov in 1984 het Taganka Theater én Rusland moest verlaten. Zijn opvolger, Anatoli Efros, verleende geen noemenswaardige ondersteuning. Zonder zekerheid van opvoering werd er gewerkt aan *Cerceau*, dat in een eerste versie in oktober 1985 te zien was. Het stuk werd opnieuw enthousiast ontvangen en zelfs uitgeroepen tot de beste voorstelling van het seizoen.

De acteurs, waaronder nu ook de in de Sovjet Unie zeer beroemde filmacteur Alexei Petrenko (ook hier bekend van hoofdrollen in films van Elem Klimov als 'Agonia' en 'Afscheid van Matjora') werkten drie jaar, met onderbrekingen, vaak zonder geld aan het experiment *Cerceau*, daarmee de basis leggend voor de School der Dramatische Kunst. Pirandello's 'Zes personages op zoek naar een auteur' was de voorstelling waarmee het gezelschap zich begin dit jaar officieel presenteerde. Als onderdeel van de nieuwe cultuurpolitiek in de Sovjet Unie kreeg de School der Dramatische Kunst, samen met een aantal andere jonge theaters, een officiële status. 'King Lear' is de volgende productie die voor het begin van het komende seizoen op stapel staat.

De 'zilveren eeuw' heben we verloren. Die is voor altijd van ons heengegaan. En nooit komt die weer terug, zoals een snelstromende rivier niet terugkeert. De 'zilveren eeuw' is heengegaan en samen ermee gingen de mensen heen. Er kwamen nieuwe tijden, die een nieuw type mens hebben geschapen. Ik weet niet of dat goed is of slecht, maar het is zo. Als ik naar die mens kijk, dan zie ik dat hij gespleten is, niet uit één stuk. Binnenin hem zijn er conflicten.

In het theater maak ik geen gebruik van die mens. Ik gebruik het moment van schepping. Waaruit dit moment van schepping bestaat? Uit het vernietigen van het innerlijke conflict. Uit een verheffing boven de gespletenheid, boven de doodlopende strijd. In het vak betekent dit een gedaanteverwisseling, een overgang in een andere substantie. Voor mij is dit een nationale kwestie. Hoe geraakt de persoon uit de ontstane situatie, hoe wordt hij een man uit één stuk.

Lange tijd hebben wij de dramaturgie, de literatuur gezien als een uiterst duister terrein. Of het nu om Tsjechov ging, of om Gorki... Maar die dramaturgie is juist vol licht. Het licht van het Christendom, het licht van progressieve ideeën, het licht van de aristocratie.

Ik spreek voortdurend over de mens van de toekomst. Mij interesseert dus een andere mens, die kan binnenkomen en weggaan, die de eigen stroming weet te sturen.

In *Cerceau* is de mens niet gedoemd weg te gaan. Het slot van het stuk is tragisch. Het zet een streep eronder, is gewijd aan het woord 'nee'. Dit woord houdt verband hiermee, dat de mens bij zichzelf niet de kracht vindt om uit de stroom te treden. Hij kiest het woord 'nee' voor zijn eigen leven en tegelijk met dit woord 'nee': een vervloeking, de vernietiging. En totdat hij bij zichzelf alles heeft vernietigd, heeft hij geen rust.

Maar het slot kent een onverwacht moment. Wanneer de mens alles heeft vernietigd, blijkt dat het in de ruimte waar hij terecht is gekomen niet leeg is, maar schoon. Zich bewegend op de weg van de vervloeking, op de weg van de vernietiging, van de zelfvernietiging, zich bewegend helemaal tot het eind stuit het wezen van de mens op datgene, wa is na de vernietiging: het is schoon. Daarom ziet de coda in *Cerceau* er aldus uit, op die schone plaats klinken de woorden: 'Ik bedacht... het kwam me voor, dat we nu samen in dit huis zouden kunnen wonen.'

De mens van nu heeft niet de kracht om naar zijn idealen te leven. Hij laat zijn huis achter, laat zijn aarde achter, laat de kersentuin achter, gaat heen van die schoonheid. Hi is niet in staat hiermee in het reine te komen. Hij heeft niet de kracht met zijn eigen schoonheid de schoonheid van de wereld te beantwoorden. En bij het vertrek uit het leven stuit hij onverwacht niet op leegheid, maar op reinheid. *Cerceau* herbergt deze gedachten over het leven.

Misschien kan het toneel de 'zilveren eeuw' doen herleven? Dat is verleidelijk, verblindend. Dit vreemde, kunstzinnige idee kwam alweer na *Cerceau* bij mij op.

(...) In de *Cerceau* van vier bedrijven heeft elk bedrijf zijn eigen karakter. Voor de *Cerceau* van drie bedrijven geldt hetzelfde. Geen bedrijf lijkt op een ander. Wisseling van karakter betekent wisseling van taal. Totale wisseling. Of.. ik zou wilen denken dat de wisseling totaal was, maar het is een structuurwisseling, een kwalitatieve wisseling. En er is sprake van andere onderlinge relaties in elk bedrijf. Het zijn totaal verschillende bedrijven. Wat is dit voor stijl? Ik weet het antwoord niet. Ik heb hier de 4-delige vorm. Het eerste bedrijf is een parafrase op de 'nieuwe golf', het tweede bedrijf is geënt op jazz (dit bedrijf is er niet meer). Dan komt het derde bedrijf dat gaat over de niet-bestaande brieven (ironisch, modern). Het vierde bedrijf is een synthese.

Revolutionaire kunst is niet de kunst van de frase of de kunst van woorden, maar de kunst van de kunstwereld, van de uitbeelding in kunstvorm. Daarmee heeft de Rus-

sische kunst uit het begin van de eeuw zich beziggehou-
den. Daarom heb ik geen interesse in zuivere ideologie en
zuivere politiek op zich. Tijdens repetities heb ik er vaak
over gesproken dat 'hoe jullie je voelen op het toneel nu
juist de ideologie, de atmosfeer vormt. Probeer los te komen van jezelf, leer een milieu te spelen, leer de sfeer te
spelen. De sfeer op zich is al ideologie. Niet het woord en
niet de strijd, maar de wereld rondom jullie is de ideologie, d.w.z. de dominant van het kunstzinnig denken, van
de kunstzinnige uitbeelding.' (...) Ik denk, dat de kracht
van de kunstzinnige uitbeelding niet te vergelijken is met
de kracht van het woord. Dat heeft de geschiedenis mij ge-
leerd. Misschien zal het me lukken een theater op te
zetten – ik heb de naam al bedacht: ik wil het 'Aanvangs-
school voor Dramatische Kunst' noemen. Ik doel hier op:
het begin. Ik bedoel hiermee niet de eerste klas, maar het
begin, d.w.z. een aanpak waarmee bereikt wordt dat de
dramatische kunst zelf op het toneel een wereld schept, de
wereld van de kunst. Zo is binnen de lijst de kunstwereld
van Picasso en Leonardo ontstaan, hoe ver die ook van elkaar afstonden. Misschien is hier sprake van plannen die
in het theater verboden zijn, misschien is het theater sim-
pel, of simpeler opgezet, en is de bestemming ervan simpeler dan datgene waar we het nu over hebben. Misschien
hebben we het over pogingen, een verlangen om een aan-
slag te doen op het onmogelijke. Maar toch, als ik andere
toneelstukken zie, als ik weet wat het effect is van mijn stukken en in het algemeen kijk naar de loop van een stuk geschiedenis, naar het leven van vele grote, grootse kunstenaars, dan begrijp ik dat de kracht van hun invloed toch
niet de kracht van de invloed van woorden of onderwer-
pen is, maar de kracht van de invloed van de kunstwereld
van een groot mens.

Bulgarije, 'Teatralni Bjoelettin' (Theaterbulletin), 1987
Interview door Ljoebomir Kostov

Wanneer, hoe en waarom ik toneelschrijver ben geworden? Officieel ben ik op 28 april 1979 toneelschrijver geworden. Op die dag vond de eerste proefopvoering van het stuk 'De volwassen dochter van een jonge man' plaats in het Moskouse Stanislavski Theater. Hierbij waren de eerste toeschouwers aanwezig, en aan het slot van het stuk, toen onverwacht applaus klonk, ben ik voor het eerst het podium opgegaan en heb ik gebogen als een professionele toneelschrijver. Voordien hadden studententheaters en amateurgezelschappen interesse getoond voor mijn stukken. Ik had groteske, metaforische stukken geschreven. In 'Slechte woning' wonen de mensen in een schiettent; in 'Vorst' brengt een man zijn hele leven thuis door, uit angst voor vorst, terwijl het buiten heet is; in 'Orkest' is een muzikant de sleutel van zijn koffer kwijt en is hij vergeten wat voor instrument erin zit... Daarna schreef ik het stuk 'Schilderij', waarin slechts één omstandigheid gefingeerd was en de rest zogezegd verliep als in het werkelijke leven.

Ik had de smaak voor een dergelijke vorm te pakken gekregen en me aan 'De volwassen dochter' gezet. Overigens, het is zo uitgepakt, dat mijn in indirecte stijl geschreven stukken werden uitgegeven, terwijl 'De volwassen dochter' niet in drukvorm is verschenen.

Nu over de vraag: hoe? Mijn eerste eenakters heb ik geschreven toen ik lid was van 'Ons Huis', de variété-studio van de Moskouse Staatsuniversiteit. Als student aan het spoorweginstituut schreef ik schooltoneeltjes, waarin ik zelf meespeelde. Nu, terwijl ik erachter probeer te komen waarom drama mij als vorm meer aantrok dan proza (ofschoon ik ook verhalen schrijf), herinner ik me dat ik mij in verhalen en romans altijd ergerde aan de zin die gewoonlijk komt nadat de hoofdpersoon aan het woord is geweest:

'En ondertussen dacht hij eraan, hoe...' Die zin heb je niet in toneelstukken, al is hij voortdurend tussen de replieken aanwezig.

Waarom ik toneelschrijver ben geworden? Bij het studententheater ben ik voor het eerst met een toneelgezelschap in aanraking gekomen. Met Anatoli Vasiljev had ik ook al elf jaar voor 'De volwassen dochter' kennis gemaakt, omdat hij toen de leiding had over het universiteitstheater in Rostov aan de Don en ik de schrijver was bij 'Ons Huis'. Ik kon me geen theater zonder groep voorstellen. En die was plotseling uiteengevallen... En ik nog maar steeds doorgaan met stukken voor ze te schrijven... Daarna kwam ik bij Aleksej Arboezovs studio voor jonge toneelschrijvers. Dat was een fantastisch gezelschap! Maar we hadden één drukkende omstandigheid gemeen: niemand voerde onze stukken op. Later beleefden Rozovski, Koektsjina en Petrusjevskaja hun premières. Maar ik had steeds geen geluk... Doch in 1978, door een aantal toevallige samenlopen van omstandigheden, kwam ik ze dan tegen: mijn eigen theatergroep.

Wij werden hechte vrienden. En ik had opnieuw geestverwanten gevonden. En ondanks de dramatische omstandigheden in het dramatheater 'Stanislavski' bleven we bij elkaar. We verloren het dak waaronder we het levenslicht hadden aanschouwd, we raakten ons huis kwijt. En we kregen een nieuw huis. Maar het belangrijkste was, dat wij in die situatie begrepen: ons huis – dat zijn wij zelf. Zelfs dan, als we geen dak boven het hoofd hebben. Wij zijn het huis. En waar wij in 'De volwassen dochter' het feit vierden dat we elkaar hadden gevonden, is *Cerceau* doordrongen van de droevige noot van de verliezen die zijn opgetreden in de tijd tussen deze spektakels.

Ik begon *Cerceau* te schrijven toen alles nog volkomen in orde was, maar om de een of andere reden bleek het thema van het stuk een thema van verlies, van tegenslagen. En toen het stuk klaar was, bleek dat met ons hetzelfde was gebeurd als met onze 'kolonisten'. Een gezelschap dat zelf het leven leidt dat het uitbeeldt – zo'n theater vertrouw ik. Daar wil ik bijhoren.

17

Enkele woorden over het lot van de auteur, in wie ik vertrouwen stel en in wiens gezelschap ik wil verkeren.

Hoe groot is bij ons het verval, niet van de toneelliteratuur, maar van de mening erover!

Niets is nieuw en nergens leren we van. Neem de geschiedenis van 'De meeuw'. Ik maak geen aanspraak op een vergelijking, maar laten we eens terugblikken naar die episode uit de geschiedenis van het Russische theater:

A. Soeverin: '... het stuk heeft tekortkomingen: te weinig handeling... en er is veel plaats ingeruimd voor de onbenulligheden van het leven, voor het tekenen van onbelangrijke, oninteressante karakters.'

Het Comité voor Theater en Literatuur: '... op het gebied van de eigenlijke scène-opbouw... is een zekere nonchalance of haastige aanpak van het werk merkbaar: enkele scènes zijn als het ware toevallig op het papier gekwakt, zonder dat zij nauw verband houden met het geheel, zonder dramatische consequentheid... de symboliek werkt onprettig... en als die 'meeuw' er niet was, zou dat voor de comedie niets hebben uitgemaakt, terwijl het stuk er met die 'meeuw' alleen maar op achteruit gaat.'

De redactie van het tijdschrift 'Theater en Kunst' vond het stuk 'een indirect werk', maar heeft uiteindelijk in de persoon van A. Koegel erkend dat 'men in de indruk die het stuk gemaakt heeft zeker de resultaten dient te zien van een intelligente, talentvolle, wellicht geïnspireerde regie.'

Mij achtervolgt, dat 'het stuk slechter is dan de opvoering'. Zo sprak men over 'De volwassen dochter', zo spreekt en schrijft men over *Cerceau*. De auteur stelt zich moedig teweer tegen de geruchten en onze vriendschap gaat niet te gronde, hoewel jaloezie dat al lang had kunnen veroorzaken. Dat gebeurt niet, en dat kenmerkt helemaal of nagenoeg helemaal Viktor Slavkin.

In zijn kleine kamertje in de Malomoskovskajastraat, omringd door zijn favoriete boeken, foto's van vrienden en jazz weet hij wat er in zijn stukken ligt opgesloten: misschien de 'istina' (waarheid), of, zoals men thans zegt, de 'pravda' (waarheid).

En wel: de waarheid van gesproken woorden en van artistieke fictie.

Geschreven door G. Kozjoechova

BRIEF VAN DE TONEELSCHRIJVER VIKTOR SLAVKIN AAN DE DUITSE VERTAALSTER VAN HET STUK *CERCEAU* BARBARA LEHMANN

Moskou, 31 augustus 1986

Geachte Barbara,

Helaas heb ik uw brief pas heel laat ontvangen. Ik was met vakantie aan de Zwarte Zee en ondertussen lag uw brief in het theater. Maar nu heb ik hem dan en schrijf u meteen terug.

Allereerst, hartelijk dank voor de belangstelling voor mijn werk en uw positieve reactie op mijn toneelstuk. Als *Cerceau* op het Duitse publiek evenveel indruk zal maken als op u, dan zou ik daar heel blij mee zijn.

Na ontvangst van uw brief heb ik meteen de VAAP (auteursrechtenorganisatie) gebeld. Ze zeiden me dat de tekst al opgestuurd was. Het is de laatste versie; zij stemt volledig overeen met die van de voorstelling en is met regisseur Vasiljev doorgesproken.

Nu over de vragen die u in uw brief stelt.

Over 'De Kersentuin als voorbeeld'. Toen ik het stuk schreef had ik mijzelf niet ten doel gesteld om het voorbeeld van De Kersentuin te volgen, het kwam toevallig zo uit dat de plot en de functies van een aantal personages overeenstemden. (Bijvoorbeeld dat Pasja hetzelfde gedaan heeft als Lopachin). Als een regisseur dat in het stuk wil benadrukken, dan kan dat natuurlijk, als kunstgreep van de regisseur. Maar een vertaler hoeft er geen rekening mee te houden, met uitzondering van de citaten, bijvoorbeeld 'Alles aan een mens moet mooi zijn...' De rol van Lars werd geschreven zonder rekening te houden met Charlotte. Ze hebben slechts hier en daar een vergelijkbare 'tragische mistero buffo-functie'.

Wat mijn andere voorbeelden en onze specifieke realia

betreft, ik zal proberen die hieronder uit te leggen terwijl ik antwoord geef op uw vragen.

Maar eerst, op uw verzoek, iets over het algemene idee van het stuk. Zoals u waarschijnlijk weet, droeg *Cerceau* aanvankelijk de titel 'Ik ben veertig, maar zie er jonger uit', (die zin wordt door Petoesjok in het stuk voortdurend herhaald). Veertig, dat is de leeftijd waarop een mens een stabiele toestand bereikt, veertig dat is het punt van waaruit zowel het vuur van de uitgeraasde jeugd als de contouren van de middelbare leeftijd en zelfs ouderdom, allebei even goed te zien zijn. Het is de leeftijd waarop een mens het zich kan permitteren om 'nog wat te wagen' (vykinoetj nomer) – een idiomatische uitdrukking met de betekenis iets onverwachts, riskants doen, iets wat tegen de logika indruist; overigens, de woorden van Petoesjok 'nog wat wagen, verdomme' citeert de uitdrukking 'Vot tak nomer, sjtob ja pomer!') Zo'n gokje wagen onze helden – ze proberen op hun niet meer al te jonge leeftijd in een groep te gaan leven, in een gemeenschappelijk huis, als commune, de 'derde variant' (zie de tekst van het stuk). Maar eigenlijk niet werkelijk leven, maar meer wat met zo'n soort leven spelen. Terwijl zij dat doen verliezen zij zich in dat spel. Dat door hun bedachte leven, (dat het sterkst tot uitdrukking komt in het tweede bedrijf – de brievenscène en het cerceauspelen) botst met het echte leven – een wending die Pasja aan het verhaal geeft als hij het huis van Koka koopt, (trouwens, ook Pasja's handelswijze heeft een speels, provocerend karakter). Bij de eerste confrontatie verliezen onze helden hun belangstelling, geven hun posities op en gaan uit elkaar. Ze gaan het gevecht niet aan, proberen de situatie niet naar hun hand te zetten, omdat ze al hun krachten al verspeeld hebben in het leven dat zij vroeger leidden, waarbij zich al het nodige heeft afgespeeld, waardoor illusies aan diggelen gegaan zijn, en in het spel, waarin zij zich door Petoesjok, de initiator van het idee van het gemeenschappelijke huis, hebben laten meeslepen. Maar tijdens het spel bleek dat niet iedereen voor zo'n huis deugt, en de nostalgie over 'samen leven', die opduikt tijdens een kort weekendje buiten, zal onze helden in hun verdere leven nog lang achtervolgen. Het verhaal dat zich eerst zo ongedwongen en vrolijk ontwikkelde – bijna op de rand van de vaudeville – eindigt triest, ik zou zelfs willen zeggen, tragisch.

Naar aanleiding van de briefcitaten. In de brief van Vladimir Ivanovitsj zijn zinsneden gebruikt uit een brief van Poesjkin aan A.P. Kern van 25 juli 1825 (in het Frans geschreven) en uit een brief aan K.A. Sobanskaja van 2 februari 1830 en een tweede aan haar die op dezelfde dag geschreven werd. In de brief van Valjoesja staan citaten uit brieven van M. Tsvetajeva aan B. Pasternak: uit een brief met de aanduiding 'midden juli 1927' en een daarop volgende van 'eind oktober 1935'. De brieven werden gepubliceerd in het tijdschrift 'Novyj mir', nr. 4, 1968, blz. 196-198. De beschrijving van de droom in de brief van Pasja is afkomstig uit een brief van A.S. Gribojedov, gepubliceerd in A.S. Gribojedov, 'Werken in twee delen', deel 2, Moskou, Uitgeverij 'Pravda', 1971. Dan nu de antwoorden op uw vragen, op de rij af:
1. Lesnevski is een Moskouse criticus en Blok-kenner. De amateur-improvisatie in versvorm is van zijn hand. Ik denk niet dat zijn naam toegelicht hoeft te worden – het is niet belangrijk.
2. Koka citeert een strofe uit het gedicht van Blok 'Voor het gerecht', geschreven op 15 oktober 1915. Het begin van het gedicht luidt: 'Waarom nu zo teneergeslagen? Kijk mij als vroeger aan...'
3. 'Vliedend als golven zijn onze dagen' is een oud studenten-liedje op tekst van A.V. Serebrovski. Dat staat tenminste in het commentaar bij een toneelstuk van Leonid Andrejev 'Onze levensdagen', waarin de tekst van het liedje in het eerste bedrijf aangehaald wordt.
4. 'Ik ben van ver gekomen...' Opschrift op een prentbriefkaart van het begin van deze eeuw die zich in mijn verzameling bevindt. Op de kaart staat een zeeman afge-

beeld die met zijn matrozenpet naar zijn liefje zwaait.

5. Koka's opsomming van wijnen heb ik uit een oud menu overgenomen dat zich temidden van andere rariteiten in mijn verzameling bevindt. 'Restaurant Het Noorden', de maître d'hôtel George, het orkest onder leiding van Mataki – dit is allemaal gedocumenteerd en moet letterlijk vertaald worden.

6. 'De bok ging naar de coöp...' laat dat maar weg, in de vertaling gaat dat niet in combinatie met de zinsnede 'geestig, hè?'

7. De volledige tekst van het liedje 'Zingend gaan wij voort...' heb ik niet bij de hand. Het is een heel populair 'massa-liedje' uit de jaren vijftig. Het staat in veel liederenbundels uit die tijd, maar die heb ik nu niet hier; ik zal zo spoedig mogelijk hierop terugkomen.

8. 'De Sebastopolwals' is een beroemde operette van de bekende Sovjet-componist Konstantin Listov. Het werk is van 1962. Het is een moderne lyrische komedie, de plaats van handeling is een mooie kustplaats – mooie meiden, mooie marine-officieren, romantiek... Een plaat of de muziek van de wals – die het leitmotiv van de operette is – daar is wel aan te komen. Ik stuur het u op.

9. De scène op de veranda met Valjoesja en Vladimir Ivanovitsj bevat geen citaten.

10. Het liedje dat begint met 'Als zij over liefde horen...' is een lichtzinnig salonwijsje uit de jaren tien. Volgens het idee van de regisseur versterkt het het operetteachtige en parodistische in het gedrag van Koka. In plaats van dit liedje kan een vergelijkbare Duitse cabaretschlager gebruikt worden. Tenminste als de regisseur dat nodig vindt.

11. Het begin van het derde bedrijf, de monoloog over het Jade-paviljoen en de gedichten – het zijn de eerste bladzijden van een roman van een anonieme zeventiende eeuwse Koreaanse schrijver getiteld 'De droom in het Jade-paviljoen'. Het boek werd in 1982 uitgegeven door uitgeverij 'Choedozjestvennaja literatoera' (blz. 23-24). Deze regels liggen Petoesjok na aan het hart omdat er

in gesproken wordt over een gemeenschap van dichters die in de hemel wonen.

12. Het Cerceau-spel was heel populair in mondaine kringen in [het pre-revolutionaire] Rusland, zowel onder volwassenen als onder kinderen. Tegenwoordig kun je het in speelgoedwinkels kopen en leren kinderen het op de kleuterschool. De tekst van het Cerceau-lied is van een dichter van het begin van onze eeuw, namelijk Nikolaj Agnivtsev.

13. Of Liza en Koka wel of niet van adel zijn, dat laat ik in het midden. Liza misschien wel. Wat Koka betreft is het dubieus. Heel Koka's rol draait er eigenlijk om dat hij zijn verhalen over zijn verleden zelf enigszins romantiseert. Hij heeft een lang en ingewikkeld leven achter de rug en nu is het moeilijk om in zijn herinneringen waarheid en verzinsel uit elkaar te houden. Nu, op tachtigjarige leeftijd, heeft hij de indruk dat zijn jeugd mooi en romantisch was, maar of dat werkelijk zo was, dat is de vraag. Die tweespalt in Koka wordt in het stuk prachtig door Petrenko neergezet.

14. Iets dergelijks geldt voor Lars. Dat is zijn geheim als personage in het stuk – is hij echt een Zweed of mystificeert hij? Trouwens in het laatste bedrijf lijken alle personages iemand anders, ze zijn niet meer wie zíj in het begin waren. Wie ze eigenlijk zijn, diep van binnen, moet het publiek maar uitmaken.

15. Over de naam Petoesjok (haantje). Daarvoor geldt hetzelfde als voor de overeenkomsten met 'De Kersentuin'. Een regelrechte associatie met Gogol had ik tijdens het schrijven niet. Maar diep in mijn bewustzijn was dat woord wel verbonden met iets lichtzinnigs, iets infantiels en hulpeloos. Ik weet niet wat een Duits equivalent daarvoor zou moeten zijn, maar een 'komisch effect' zoals u schrijft, moet die naam wel hebben. Iets dat vergelijkbaar is met wat hij in het Russisch oproept in samenhang met de namen Vladimir Ivanovitsj en Pasja.

16. Het probleem dat u opwerpt, namelijk dat het Duitse

publiek met een aantal van onze realia niet vertrouwd is, dat is een ingewikkeld probleem. Het moet, denk ik, niet opgelost worden door het geven van uitleg in de tekst, maar met behulp van Duitse equivalenten. Neem bijvoorbeeld het probleem van de coöperatie-woning van Nadja. Volgens onze wetten erft een erfgenaam die niet officieel in die woning woonachtig is, het geld waarvoor die woning indertijd gebouwd werd, maar niet de woning zelf. In het stuk komt de repliek voor 'Een coöperatie wordt niet geërfd'. Maar hoe je dat een buitenlands publiek moet uitleggen zonder de structuur van de tekst geweld aan te doen, weet ik niet. Misschien met behulp van een commentaar in het programmaboekje?.. Naar aanleiding van dergelijke passages zullen we nog meer brieven moeten wisselen. Het zou nog beter zijn als u een paar dagen naar Moskou zou kunnen komen, dan zouden we dat kunnen bespreken. Alles wat ik schrijf, schrijf ik natuurlijk voor publiek en lezers in de Sovjet-unie en, uiteraard is niet alles voor een buitenlander begrijpelijk.

Over de pers die *Cerceau* kreeg. Het beste artikel over het stuk staat naar mijn idee in 'Het Theaterleven', nr. 5, 1986. Als u het niet kunt vinden, kan ik u een copie sturen, maar ook dat duurt even. Ik wil uw aandacht ook vestigen op twee artikelen in het tijdschrift 'Teatr' van N. Velechovaja in nr. 3, 1986 getiteld 'De goede, de schone, de slechte' en van V. Goeltsjenko in nr. 12, 1985, met als titel 'Tegemoetkomend verkeer'. In die artikelen staan passages over *Cerceau*.
Over mij persoonlijk: naast toneelstukken schrijf ik ook humoristische verhalen. Ik publiceer voornamelijk in het tijdschrift 'Joenost' en in de Literatoernaja Gazeta' (op de achterpagina).
Op uw verzoek enkele woorden over mijzelf. Ik ben in 1935 in Moskou geboren. In 1958 ben ik afgestudeerd aan het Moskouse Instituut voor spoorwegenieurs en werkte vervolgens vijf jaar in mijn vak, bouw-ingenieur

(drie jaar in de bouw en twee jaar op de bouwkundige werkplaats). Sinds 1963 verdien ik mijn geld met literatuur; ik ben lid van de Schrijversbond van de Sovjetunie. Van 1967 tot 1984 was ik hoofd van de rubriek 'satire en humor' van het tijdschrift 'Joenost'. Mijn verhalen en columns zijn in veel tijdschriften en kranten verschenen, mijn toneelstukken werden in studententheaters gespeeld. In 1979 vond in het Moskouse Stanislavski-theater de première plaats van mijn stuk 'De volwassen dochter van een jongeman' (regie A. Vasiljev). Daarna werd het stuk in vele theaters in de Sovjetunie en in het buitenland gespeeld. In 1985 vond in het Taganka-theater de première van *Cerceau* plaats. Bij uitgeverij Sovjetskaja Rossija verscheen in 1983 het boek 'Toneelstukken' (samen met L. Petroesjevskaja). Ik heb scenario's geschreven voor een aantal tekenfilms (in het tijdschrift 'Iskoestvo kino', nr. 6, 1986 kunt u het scenario 'Zwart-wit film' lezen, dat op internationale filmfestivals een aantal prijzen gekregen heeft). Mijn toneelstukken 'Een rot-flat', 'Vorst', 'Het schilderij' en 'Het orkest' zijn via de VAAP verkrijgbaar. Ze zijn allemaal gepubliceerd bij uitgeverij Sovjetskaja Rossija in bundels met toneel. De rechten van 'Een rot-flat' zijn indertijd verworven door het Oostenrijks-Duitse Thomas Zesler Verlag. 'Een rot-flat' is in 1982 in Oostenrijk opgevoerd.

Ik denk, dat ik al uw vragen beantwoord heb. Het lijkt mij leuk als u naar Moskou komt. In september-oktober ben ik in principe in Moskou, alleen tussen de 10e en de 20e oktober ben ik misschien even de stad uit. Het Taganka-theater opent in oktober zijn seizoen met *Cerceau*.

Met vriendelijke groeten,

Viktor Slavkin

Viktor Slavkin

CERCEAU

CERCEAU
van Viktor Slavkin

ROLVERDELING

Petoesjok _____ A. Filozov*
Valjoesja _____ L. Poljakova
Vladimir Ivanovitsj _____ J. Grebensjtsjikov
Lars _____ B. Romanov
Nadja _____ N. Andrejtsjenko**
Pasja _____ D. Sjtsjerbakov
Koka _____ A. Petrenko*

* verdienstelijk artiest van de RSFSR
** verdienstelijk artiest van de RSFSR, winnares van de Komsomolprijs

In het stuk wordt gebruik gemaakt van muziek van A. Ammons, P. Johnson, Mid Lucks Lewis, A. Parsons, 'Daddy Boogie', 'Pinetops Boogie Woogie' en 'Honky Tonk Train Blues' in de uitvoering van Emerson, 'Surrender' gezongen door Elvis Presley, een jazzcompositie van R. Runnap, 'Sebastopolwals' van K. Listov, 'Nummer op de veranda' van A. Tsjernjavski.

Fragmenten uit brieven van A. Poesjkin, A. Gribojedov, M. Tsvetajeva, O.L. Knipper-Tsjechova.

Het citaat uit 'Kasjtanka' van A.P. Tsjechov is in de Nederlandse vertaling, behoudens kleine wijzigingen door Viktor Slavkin overgenomen uit Anton P. Tsjechow, Verzamelde werken, deel II, vertaald door Charles B. Timmer, G.A. van Oorschot, Amsterdam (1954).

Regie _____ Anatoli Vasiljev
Décor _____ Igor Popov
Choreografie _____ G. Abramov
Muzikale leiding _____ A. Zatsjosov
Concertmeester _____ G. Joerova
Composities:
Blues _____ I. Bril
'Cerceau-lied' _____ B. Grebensjtsjikov
Muzikale adviezen _____ A. Kozlov
Cerceau-spel _____ A. Kiss
Fotografie _____ A. Sternin
Kostuums _____ I. Popov, M. Koroljova
Regie-assistentie _____ V. Berzin, B. Joechananov,
O. Joesjkova
Licht _____ I. Danitsjov
Geluid _____ V. Afonin, A. Zatsjosov
Rekwisieten _____ V. Visjnjakova, L. Bazanova,
S. Zelenski
Kleedster _____ T. Romanova
Techniek __ N. Krajoesjkin, S. Tisjkin, S. Korotejev,
M. Serebrjanikov
Tolk, vertaler _____ J. Miklailovna
Direkteur _____ A. Osokin
Administratie _____ V. Skorik

Cerceau wordt in Nederland gepresenteerd door
Stichting Mickery Workshop Amsterdam
Cerceau wordt in Duitsland geproduceerd door Theater der Welt
(Stuttgart)
Cerceau wordt in Engeland geproduceerd door het London In-
ternational Festival of Theatre (Londen)

Eerste bedrijf

Vrijdagavond. In een zomerhuis met dichtgetimmerde ramen komt een groep mensen aan. Vier mannen, twee vrouwen. Centraal staat Petoesjok, 'haantje' in het Russisch, een bijnaam. Hij heeft het huis geërfd van zijn oudtante en heeft er enkele mensen uitgenodigd voor een weekendje buiten. De jongste is Nadja, zesentwintig jaar, een buurvrouw van Petoesjok in de stad. De anderen zijn iets boven de veertig. Vladimir Ivanovitsj is ingenieur en Petoesjoks baas. Valjoesja is werkzaam in een bibliotheek en had ooit, elf jaar geleden, een relatie met Petoesjok. Lars is een onbekende, die Petoesjok een dag voor het uitstapje op straat tegenkwam. Pasja is een historicus die werkt als stoffeerder van deuren. Een fles champagne wordt stukgeslagen. De gasten verspreiden zich over het huis. De voorwendsels waaronder Petoesjok iedereen naar het huis heeft gelokt blijken niet te kloppen. De gasten maken aanstalten om te vertrekken, maar blijven als Petoesjok losbarst in een hysterische aanval: "Ik ben veertig jaar! Maar ik zie er jong uit! Ik heb nog nooit eigen woonruimte gehad! Een eigen huis!... Nog nooit!..." Petoesjok vertelt dat hij hen heeft uitgenodigd, ofschoon ze elkaar niet kennen, met het idee om als 'kolonisten' bezit te nemen van het huis en er altijd te blijven wonen. Er is muziek, er wordt gedanst, er worden herinneringen opgehaald. Petoesjok verzoent zich met Valjoesja. Lars vertelt dat hij een Zweed is en naar Rusland is gekomen omdat hij van Rusland houdt. Dan pas bemerkt het gezelschap dat er zich in het huis een buitenstaander bij hen gevoegd heeft. Het is Nikolaj Lvovitsch Kreksjin, Koka genoemd. Als Nadja op de veranda verschijnt, in een jurk die van de oudtante van Petoesjok is geweest, denkt de grijsaard een verschijning uit zijn vroegere leven te zien. 'Liza, Lizanka... Here God! Hoe kom jij nu hier?' vraagt hij, zijn hand naar Nadja uitstrekkend. Hij valt flauw.

Tweede bedrijf

Zaterdagavond. De 'kolonisten' zitten met Koka aan een feestelijk gedekte tafel op de veranda. Ze geven elkaar oude brieven en briefkaarten door. Het is de correspondentie van Koka en de jonge Lizanka, Petoesjok's oudtante. Nadja leest voor. Liefdesbrieven in hoogdravende, lyrische stijl. Al lezend verandert Nadja als het ware in Lizanka. En iedereen gaat mee in het spel. Persoonlijke boodschappen worden naar elkaar verzonden in de stijl van de brieven. Een niet verstuurde brief van Lizanka wordt gevonden, waarin ze breekt met Koka vanwege het losbandige leven dat hij leidt in Sebostopol. Koka zegt dat ze het later weer goed gemaakt hebben.

Na een truc van Lars – de enige erfenis van zijn grootvader – wil Koka ook iets persoonlijks laten horen, en zingt hij de Sebastopol-wals. Er wordt gepraat over oude spelletjes, en Koka herinnert zich dat hij, toen het leven nog rijk en zorgeloos was, hier op de zolder van het huis het oude spel 'Cerceau' heeft verstopt. Iedereen gaat op zoek, terwijl Pasja en Koka achterblijven. Pasja vermoedt dat de oude man iets in zijn schild voert. Nadat het lied 'Want dat vindt elke jongen toch prachtig' is gezongen, vertelt Koka dat hij getrouwd is geweest met Lizanka, die hem zijn misstappen had vergeven. Na acht dagen huwelijk moest hij nog voor een paar maanden naar Irkoetsk, en is nooit meer teruggegaan wegens nog ernstiger omstandigheden. Pasja realiseert zich dat Koka door zijn huwelijk met Lizanka de wettige erfgenaam is van het huis. Hij stuurt het erop aan dat hij het van de oude man zal kopen, om hiermee diens armzalige levensomstandigheden te wijzigen. 'Die gaan hier niet wonen', zegt Pasja over de 'kolonisten'. 'Ze spelen gewoon een spelletje Cerceau en dan gaan ze weer weg en naar het huis kijkt niemand meer om.' Koka lijkt hier

geen aandacht aan te besteden en vertelt over zijn kleindochter. Op dat moment verschijnt Nadja met het Cerceau-spel. Koka is ervan onder de indruk. De anderen verschijnen. Er wordt een nostalgisch lied gezonden, men wil
het spel gaan spelen. Dan onderbreekt Koka op aandrin-
gen van Pasja het spel met de mededeling dat hij getrouwd
is geweest met Lizanka, en Pasja vertelt dat hij nu de ei-
genaar van het huis wordt. Het Cerceau-spel wordt verbrand.

Derde bedrijf

Zondagochtend. Mist. De 'kolonisten' dwalen door de
tuin, Lars en Pasja zitten te lezen. Langzamerhand komt
iedereen met koffers en tassen aanzetten. Pasja vraagt of
ze de deur hebben opgemerkt die hij 's ochtend vroeg
gestoffeerd heeft, en ziet dan dat ze gaan vertrekken. Hij
bekijkt iedereen bedroefd. Het feest is afgelopen. Pasja
stelt hen voor te blijven wonen. Er wordt niet op gerea-
geerd. Koka komt terug van een wandeling. Hij deelt mee
dat hij zijn trouwwakte heeft verbrand, dat hij zijn rechten
op het huis heeft vernietigd. Hij biedt zijn excuses aan.
Pasja zegt: 'Pak de koffers uit, het buitenseizoen is nog
lang niet afgelopen!' Tevergeefs. Niemand heeft de kracht
nog een nieuw hoofdstuk te beginnen. Vladimir Ivanovitsj blikt terug op zijn leven, net als Valjoesja die vertelt
over haar voorbije huwelijk. Nadja laat weten dat ze gaat
trouwen met een helikopterpiloot. Lars praat over een trip
naar Miami en verwart de dagelijkse omstandigheden in
Rusland met die van de Verenigde Staten.
Dan stellen de kolonisten Koka voor in het huis te blijven
en er met zijn kleindochter te komen wonen. Koka ver-
werpt het voorstel. Het huis wordt opnieuw dichtgetim-
merd. Einde van een experiment. Of toch niet? Uit Valjoesja's laatste woorden spreekt nog iets van hoop: 'Het
leek me... ik bedacht... dat we nú wel met z'n allen in dit
huis zouden kunnen wonen.'

PERSONAGES

PETOESJÓK, ook wel Pétja of Pjotr, bijgenaamd
'Haantje'
VALJÓESJA
VLADÍMIR IVÁNOVITSJ
LARS
NÁDJA
PÁSJA
KÓKA

Een vrijdagavond.
Een leeg houten huis. Van buiten dichtgetimmerde ramen. Ou-
derwetse meubels met hoezen erover. Alles maakt een verwaar-
loosde indruk. Het is duidelijk dat er niemand woont.
Het geluid van een motor. Er nadert een auto. De motor valt
stil. Portieren worden geopend, er klinken stemmen. Het ge-
luid van een bijlslag, nog een, en nog een... Buiten worden
de platen en planken voor de ramen en deuren weggeslagen. Nog
een paar slagen en de voordeur vliegt open.
Een gezelschap dromt het huis binnen.

PETOESJOK Val maar binnen!... Dit is nu allemaal van
mij!

NADJA Asjemenou! Het is toch maar slecht verdeeld in
de wereld.

VLADIMIR IVANOVITSJ *(tegen Nadja)* Laat ik even die
baal neerzetten. *(Hij pakt haar een grote tas uit de handen*
en zet hem naast zich neer.)

PETOESJOK Doe allemaal of je thuis bent.

VALJOESJA Eindelijk slaat ons haantje zijn vleugeltjes
uit! Wie had dat kunnen denken — Petja-Petjoentsjik
heeft zijn eigen huis! Een beetje laat, dat wel...

VLADIMIR IVANOVITSJ Welnee, we hebben toch alle
tijd.

PASJA Als je er een duizendje of twee in investeert valt
er hier wel te leven.

PETOESJOK Investeren, waarom?

LARS In geen geval! Veel te link.

NADJA Lars — is dat een voornaam of een achternaam?

VALJOESJA *(tegen Lars)* Wat moet hij dan doen volgens
u?

PETOESJOK Zijn voornaam, zijn voornaam...

LARS Haal eens diep adem... Ah... Wat ruiken we daar — lucht met luchtjes! Dennen. Oud hout.

PASJA Precies, ik zeg toch dat je het moet opknappen. Met een duizendje of twee kom je een heel eind.

PETOESJOK Jij met je duizendjes! Heb ik die dan? Dit huis heb ik ook alleen maar dank zij dat omaatje. Zij ruste zacht.

NADJA Mijn oma is ook gestorven. Maar haar woning krijg ik niet. Ze zeggen dat een coöperatiewoning niet geërfd kan worden. Is dat waar, Vladimir Ivanovitsj?

VLADIMIR IVANOVITSJ Dat is een in hoge mate gecompliceerde kwestie.

NADJA O, ik ben zo dom in die dingen!

VALJOESJA Maar Petoesjok, je oma was toen toch al dood?

PETOESJOK Ja, dit was een oudtante van me. Jelizaveta Michajlovna. Ik kende haar niet eens, ze heeft me zelf moeten opsporen. Blijkt dat ik de laatste telg van ons geslacht ben. Het is geen al te vruchtbaar geslacht.

LARS Investeren en beleggen, dat is de pest. Kan je je leven lang op de rente wachten. Ik beleg nooit een cent.

VLADIMIR IVANOVITSJ Ik ook niet. Maar dan uit zuiver ideële overwegingen.

PETOESJOK Wat is dat nou voor een amorele houding!...

VLADIMIR IVANOVITSJ Oh, ik voel dat je dat geslacht van je hier gaat voortzetten!

VALJOESJA Hij had eerder zo'n optrekje moeten hebben...

VLADIMIR IVANOVITSJ Ha! Eerder... Hij is veertig, maar hij ziet er jong uit.

VALJOESJA Ja, ons Haantje is goed geconserveerd.

VLADIMIR IVANOVITSJ Haantje, je bent veertig, maar je ziet er jong uit!

LARS Bent u veertig?

NADJA Bent u dan geen kennis van Pjotr Vjatsjeslavovitsj?

LARS In elk geval ben ik blij dat ik meegegaan ben. *(tegen Valjoesja)* En u?

VALJOESJA Gedeeltelijk. Voor een procent of honderd, meer niet.

(Pasja loopt naar de sofa en trekt de hoes eraf.)

PASJA Een museumstuk.

NADJA Echt?

PASJA Zestienhonderd...

NADJA Oh, zeventiende eeuw!

PASJA Een zestien-, zeventienhonderd kan hij er van elk museum voor krijgen. *(tegen Nadja)* De ouderdom kan ik ook wel vaststellen. Zij het niet met dezelfde mate van precisie.

NADJA Bent u historicus?

PASJA Het is een hobby van me.

NADJA Oh, wat interessant!

PASJA Denkt u zich even in, juffrouw Nadja: het is 1801, de nacht van elf op twaalf maart. In het kabinet waar imperator Paul I gewoonlijk zijn nachtrust geniet, dringen zijn officieren binnen, ze wekken Paul, die denkt eerst dat hij droomt, dan beseft hij wat er gebeurt en smeekt om genade, en dan slaat Michail Zoebov, een vreselijke krachtpatser, hem met een gouden snuifdoos op de linkerslaap. Paul valt en grijpt zich vast aan de poot van de sofa — deze sofa...

NADJA Deze?!

PASJA Imperator Paul I noemde prinses Anna Gagarina 'mijn glimlachje'.

PETOESJOK Nou, leggen jullie je tassen er maar op hoor. Ik verkoop hem toch niet. Ik ga slapen op het jaar 1801.

NADJA En hoe ging het verder met Paul?

PASJA Ze probeerden hem van die poot los te trekken, maar dat wilde niet lukken; toen gooiden ze een sjerp om zijn hals en wurgden hem.

NADJA En ging hij dood?

VLADIMIR IVANOVITSJ *(bekijkt de sofa)* Hij is wat smal... Is het geen uitklapbare?

VALJOESJA Plaats zat voor Haantje. Die heeft zijn leven lang op een klein bankje achter de kast geslapen.

37

Die past nu overal in.

PETOESJOK Zo smal was dat bankje nou ook weer niet...

VALJOESJA Wel waar, Petjenka. Je zat erin vastgeklemd, je kon geen kant op.

LARS Ik heb een woning voor mij alleen — en wat dan nog? Ik slaap er alleen maar. Een driekamernachtasyl met twee loggia's, uitzicht op zee en vrije opgang.

NADJA Is er van u ook familie overleden?

LARS Nee.

NADJA Mag dat dan zomaar?

LARS Wat? Hoe bedoelt u?

NADJA Een driekamerwoning voor u alleen.

LARS Maar ik ben er bijna nooit.

PETOESJOK Gisteren. Een warme avond, een flikkerende lichtreclame — rood, groen, rood, groen. Een uur of drie, in die buurt. Een lege straat. Van geen kanten een auto te bekennen. En in die leegte staat een man bij een stoplicht, te wachten tot het groen wordt, om over te steken. Die man staat daar, en dan nog die lichtreclame, en zijn gezicht is rood, groen, rood, groen... Ik wacht tot zijn gezicht rood is, loop naar hem toe en zeg: 'Wilt u morgen mee naar mijn buitenhuis?' Hij wordt groen en zegt: 'Ja.'

PASJA Misschien is de geur van kamille wel meer waard dan al dat stof der eeuwen? Je ontsluiert het geheim van de moord op Paul I en je laat de bloei van de waterlelies aan je neus voorbijgaan... Hoewel, als de waterlelies bloeien zet ik alle onderzoekingen stop.

NADJA Bent u bioloog?

PASJA Ik ben geïnteresseerd in de levende natuur.

VLADIMIR IVANOVITSJ Ik heb thuis een ficus in een pot. Van mijn tante geërfd. Ik hou niet van kamerplanten, maar ja. hij was van mijn tante...

LARS Ik zeg gewoon altijd meteen ja. Als iemand me snel iets voorstelt, zeg ik meteen ja.

NADJA En dan?

LARS En dan yes.

NADJA *(lacht)* En dan?

38

LARS En dan si.

NADJA En dan?

LARS Dan oui.

NADJA Wie?

LARS Dat is Frans. Maar ik zeg liever 'ja' in het Zweeds of in het Duits.

NADJA Bent u een Zweed?

LARS Ik kom van de Baltische zee.

NADJA *(giert van het lachen)* O, hou me vast, een Balt!...

PETOESJOK Als we de ramen een beetje open zetten, zal het hier verrukkelijk slapen zijn! Als je ergens voor het eerst slaapt, komen je dromen uit.

VALJOESJA Wat heb je daar nou aan! Ik droom trouwens toch niet. Ik doe mijn ogen dicht, alles wordt zwart, en als ik wakker word is het alweer ochtend. En ik heb geen idee wat er 's nachts gebeurd is.

NADJA O, ik heb juist altijd de afgrijselijkste dromen. Laatst droomde ik van een snor. Alleen maar een snor, zonder man eraan. Doodeng!

VLADIMIR IVANOVITSJ Dan moet u de volgende keer een schaar mee naar bed nemen. Als die snor dan weer komt — tsjak!

NADJA Dat vind ik nog enger!

PETOESJOK Nadja-Nadjenka, mijn vuilkokerbuur-vrouw. We gooien altijd samen onze vuilnis weg, zo komt dat toevallig uit... Ik laat haar altijd voorgaan.

NADJA Maar ik heb geen vuilnis. Alleen bonbonpapier-tjes.

VLADIMIR IVANOVITSJ Houdt u van zoetigheid?

NADJA Het is wel slecht, hè?

VLADIMIR IVANOVITSJ Ik heb een snoepje voor u be-waard. *(reikt Nadja een snoepje aan)* Ik houd ook van zoe-tigheid, hoewel ik een man met een snor ben.

NADJA *(na een blik op Vladimir Ivanovitsj)* Oh!

VLADIMIR IVANOVITSJ Wat is er, herkent u mijn snor?

NADJA Hij lijkt erop... *(pakt het snoepje van Vladimir Iva-novitsj aan)*

Vladimir Ivanovitsj. Goed dat Petoesjok ons hierheen

gesleept heeft. In de stad is het maar stof happen, zelfs op zondag. Als je niet mee gevraagd wordt naar een datsja.

LARS Naar bos en veld, waar 't beekje vliedt! Daar staat mijn huis, daar ben ik thuis!

NADJA *(tegen Vladimir Ivanovitsj)* Kijk nou eens, dat moet een Balt voorstellen! Hij kent alle propaganda!

PETOESJOK *(loopt naar Vladimir Ivanovitsj, legt zijn arm om diens schouder)* Samen op de werkplek, samen erop uit. Recreatieoorden, grafmonumenten, gedenktekenen... Haantje & Co.

VALJOESJA *(tegen Vladimir Ivanovitsj)* Hoe doet ons Haantje het op de werkplek?

PETOESJOK Zeg, doe me een lol!

VALJOESJA U bent toch zijn chef.

VLADIMIR IVANOVITSJ Nou, dat is wat sterk uitgedrukt. Haantje is ingenieur en ik ben hoofdingenieur. Als ze Haantje ook hoofd maken staan we weer gelijk.

PETOESJOK Maar dan blijf ik toch Vladimir Ivanovitsj zeggen. Omdat hij zo'n degelijk type is.

VALJOESJA En jij blijft eeuwig het haantje Petoesjok, ook al heb je nu een buitenhuis.

VLADIMIR IVANOVITSJ Maar ja, wat maakt het uit wat voor functie we hebben? We hebben nu toch vrij? Ik heet Volodja. En ik hoop zelfs binnenkort door iemand Vova genoemd te worden...

LARS Ik had jullie meteen wel willen tutoyeren. Ik wou het in de auto al zeggen... We zijn toch allemaal leeftijdgenoten.

PASJA Zeg dat nooit tegen een vrouw. Dat is in alle gevallen een belediging.

NADJA Oh, ik ben al zesentwintig, maar ik ben zo dom in die dingen!...

VLADIMIR IVANOVITSJ Dat is te leren. We zullen ons best doen.

NADJA Mijn leeftijdgenoten hebben nergens benul van. Pasja, toen we hier naar toe reden hebt u zo interessant zitten vertellen over die schilders... nou ja, die Franse

schilders die de bossen in gingen... hoe heten ze weer...
ik kan nooit namen onthouden... de school van Robinson?

PASJA Barbizon.

NADJA Dat zou ik anders nooit te weten gekomen zijn!
Als ik weer terug ben ga ik er in de bibliotheek een boek
over halen.

PASJA Hoedt u, Nadja, voor bibliotheekboeken. Vooral over kunst. Vuile bladzijden kunnen geen schoonheid
beschrijven.

NADJA U heeft makkelijk praten! Waar kan een mens
tegenwoordig nog boeken kopen? Bent u kunsthistoricus?

PASJA Gedeeltelijk.

NADJA Wat bent u veelzijdig!

PASJA Ik ben kunsthistoricus, bioloog, historicus...
Maar in het dagelijks leven stoffeer ik deuren.

NADJA Wat voor deuren?

PASJA Van nieuwe huurders. 'Firma Morgenrood, door
netheid groot!'

NADJA U maakt een grapje...

PASJA Niks geen grapje! Eenzijdig stofferen kost een lila
briefje, voor tweezijdig komt er een roze bij. En dan heb
ik ook nog mijn eigen klantjes. Haantje, heb ik jou tweezijdig gedaan?

PETOESJOK *(brult)* Totale geluidsisolatie!

NADJA Is een briefje van vijfentwintig lila?

PETOESJOK Drie roebel is groen, dat weet ik wel.

PASJA Ik hou niet van drietjes. Een ongezonde kleur.
Het groen der verrotting. Voor mij komt eerst de roebel en dan meteen het vijfje.

NADJA Dus het was Barbizon?

PASJA Ik zal u een boek geven. Leest u Frans?

NADJA We hadden Engels op school... maar heel slecht.
Take it easy and keep your smile.

PASJA Goed, dan probeer ik het in het Russisch te krijgen.

NADJA Neemt u me niet kwalijk... Ik dacht dat u kunsthistoricus was.

PASJA Ik heb geschiedenis gestudeerd. Ik ben afgestudeerd historicus. Ik hou van geschiedenis...

NADJA En die deuren?

PASJA Die deuren... die stoffeer ik.

VALJOESJA Vorig jaar kwam Valerka de behanger bij mij behangen. 'Mevrouwtje,' vraagt hij, 'waar werk je?' 'Op de bibliotheek,' zeg ik. 'Wat verdient dat nou nog?' Ik noem het salaris van een referent voor wetenschappelijke literatuur. 'Kan je beter bij mij komen werken, dan leef je als God in Frankrijk.'

(Pasja loopt naar de muur, waar een scheurkalender hangt. Hij begint er heftig één voor één de blaadjes af te scheuren. Het lijkt of hij een bepaald blaadje zoekt. Eindelijk — daar is het!)

PASJA *(terwijl hij het blaadje afscheurt)* Grijs wint en begint — wie zei dat? *(gooit het blaadje op de grond)*

PETOESJOK *(pakt het blaadje op)* 24 december 1982. Arm tantetje!...

PASJA Het gaat me niet om het geld. Hoewel het daar ook om gaat.

VALJOESJA *(kijkt op de kalender)* Over een week is het Nieuwjaar... Op de Champs-Elysées staat een kerstboom.

PASJA Na mijn afstuderen kwam ik op een of ander instituut te werken. Nou ja, werken... ik liep een beetje door de gangen, ik zat een beetje aan een tafel, ik ging eens op de trap een sigaretje roken. Gezellig hoor, maar ik verveelde me te pletter. Nee, dan ben ik nu een stuk beter af.

VALJOESJA Maar u bent toch veel te hoog opgeleid?

(Pauze)

PASJA Ik ben gezakt op de maatschappelijke ladder. Hoeveel kamers zijn er hier? *(loopt naar buiten)*

LARS *(leest de achterkant van het blaadje)* De historicus drs. N. Linder zendt ons een probleem dat Loenatsjarski interesseerde. Wit: koning f5, dame c4, loper h2; zwart: koning b7. Mat in drie.

PETOESJOK *(fel)* Genoeg voor iedereen! Iedereen kan een eigen kamer krijgen!

VLADIMIR IVANOVITSJ Wat mij betreft, ik zou niet bang willen zijn er een met iemand te delen. *(loopt naar buiten)*

VALJOESJA Meisjes rechts, jongens links. *(gaat ook naar buiten)*

PASJA *(komt terug met een fles champagne)* Zwemmen drie krokodillen in de Nijl, twee groene, drieroebelkleurtje, en een zo blauw als een vijfje. Valt er een reiziger uit een bootje. De ene krokodil werpt zich op de reiziger en eet de papieren uit zijn binnenzak op, de tweede komt aanstormen en vreet het geld op dat in zijn broek is genaaid. En de derde zegt: 'Daar doe ik niet aan mee.' En eet de reiziger op.

NADJA Bent u filosoof?

PASJA Ik ben deurenstoffeerder.

NADJA Neemt u mij niet kwalijk. Ik begrijp nog niet alles.

PASJA Nee hoor.

(Pasja loopt naar het raam, doet het open en slaat de fles op de buitenmuur kapot — pats!
Pauze.)

LARS *(bekijkt het kalenderblaadje)* Wat vond Loenatsjarski daar zo interessant aan?... Mat in drie... Wij doen het in twee.

PETOESJOK *(naar het raam wijzend)* Er is ook een tuin. Vol met vruchten.

LARS Het belangrijkste aan een boom zijn niet de vruchten, maar de bladeren. Zonder appels kan je in leven blijven, maar zonder zuurstof? Nooit!

NADJA Ik kan niet tegen appels. Ik krijg er vlekken in mijn hals van.

VLADIMIR IVANOVITSJ We zullen een voorraadje ananassen voor u jatten uit de kolchozboomgaard.

PASJA Petoesjok, kan ik mijn auto in die schuur kwijt? Is-ie van jou?

PETOESJOK *(onverwacht hartelijk)* Hij is van jou!

PASJA Hoe bedoel je?

PETOESJOK Ik bedoel natuurlijk: zet maar neer.

(Pasja loopt naar buiten.)

VLADIMIR IVANOVITSJ *(tegen Nadja)* Wilt u geen kamer uitzoeken?

NADJA O, ik vind alles best.

VLADIMIR IVANOVITSJ Dat moet u niet zeggen. Ik zou mijn belangstelling voor u kunnen verliezen.

NADJA Waarom?

VALJOESJA Nadja, je kent de mannen niet.

NADJA Wat interessant!

VLADIMIR IVANOVITSJ *(biedt Nadja zijn arm aan)* Stevig vasthouden, de trap is steil. Als we vállen, laat het dan samen zijn.

(Ze beklimmen de trap naar de overloop.)

VALJOESJA *(scheurt de overgebleven blaadjes van de kalender af)* Vijfentwintig, zesentwintig, zevenentwintig, achtentwintig, negenentwintig, dertig… C'est tout!

LARS Een mens moet zich aan de verkeersregels houden. Niet terwille van de openbare orde, maar voor zichzelf. Daarmee legt hij zich niet aan banden, integendeel, hij wordt erdoor bevrijd. Wie bij groen licht een straat oversteekt, kan naar hartelust verzen dichten, de meest wiskundige vraagstukken oplossen, een vrouw liefhebben… Zijn hele organisme staat tot zijn beschikking. En het is vrij — het krijgt het groene licht! Maar als hij bij rood oversteekt, zijn al zijn krachten, vermogens en talenten erop gericht te voorkomen dat iemand hem aanrijdt. Zelfs al denkt hij op zo'n moment *in zijn hoofd* aan iets heel anders, zijn organisme wordt in beslag genomen door de strijd om zelfbehoud en zijn gedachten zijn niet volwaardig… Wat heeft dat voor zin? *(loopt snel het huis uit)*

(Pauze)

VALJOESJA Wat ben je van plan?

PETOESJOK Niets, Valjoesja.

VALJOESJA Ik zie het toch. Je bent spierwit. Waarom heb je die komedie georganiseerd? Wat betekenen die lui voor je?

PETOESJOK Evenveel als jij.

VALJOESJA Ach Petoesjok, mooi mottig haantje van me. Zo rustig en vriendelijk, maar je weet hoe je een vrouw moet kwetsen. Dus voor jou zijn we een pot nat, ik en die schnabbelende barbizonner?

PETOESJOK Pasja is een interessant type. Anders dan anderen. Verdient scheppen met geld en geeft het uit aan boeken en schilderijen... Thuis heeft hij een compleet museum. De snuifdoos van Bestoezjev-Marlinski heeft hij.

VALJOESJA Toen je gisteren belde werd ik bijna met blindheid geslagen. Vijftien jaar geleden.

PETOESJOK Elf.

VALJOESJA Toen ik jong was had ik een jaar nodig om verliefd te worden en een jaar om er weer vanaf te komen. Met jou heeft het me ook een jaar gekost om ervan af te komen... Weet je nog wat je tegen me zei? 'Ik zie geen perspectief in onze relatie.' Hoe verzin je het. Perspectief.

PETOESJOK Daarna ben ik me gaan bezatten.

VALJOESJA Je hebt je een ware vriend betoond.

PETOESJOK Dus daarna heb je nooit meer... op geen enkele manier... helemaal niks meer voor me...

VALJOESJA Nauwelijks. Soms een klein beetje. Kijk kijk, onze Petjoentsjik zet een pruilmondje.

PETOESJOK Ik zat op de HTS, het woord 'perspectief' was het eerste dat me te binnen schoot. Van de zenuwen.

VALJOESJA Ocharm, hij was zenuwachtig! En ik, olifant, gooi de hoorn op de haak. Ik had je kalmerend moeten toespreken: 'Rustig maar, Haantje, wind je niet op, je moet je bleke lijfje ontzien.' Dat is wat echte vrouwen doen, hè?

PETOESJOK Hou op!

VALJOESJA 's Zomers droeg je nooit korte mouwen, je was bang dat iedereen zou zien wat een dunne witte armpjes je had. Aan iedere kant een rijzweepje.

PETOESJOK Zo kan-ie wel weer!

VALJOESJA Ondeugende armpjes.

PETOESJOK Hou je mond!

VALJOESJA Maar ja. Ik heb daarna nog wel meer moois gehoord van de mannen. Daar was dat perspectief van jou nog niks bij.

(Pauze)

PETOESJOK Ik houd nog steeds niet van korte mouwen.

(Een lange kus)

VALJOESJA Vreemd, we hebben thuis wel honderd keer een ander toestel gekregen, maar toen jij gisteren belde hoorde ik het oude geluid.

PETOESJOK Ik weet het wel, er is niets. Behalve wat er al is. Met jou heb ik een verhouding gehad. Met Vladimir Ivanovitsj zit ik zij aan zij op de werkplek. Met Nadja ga ik naar de vuilkoker... Met Pasja...

VALJOESJA Geen kwaaie kerel, die Pasja van je. Geld staat een man altijd goed. *(loopt de tuin in)*

(Uit een van de kamers op de bovenverdieping komt Vladimir Ivanovitsj de trap af.)

VLADIMIR IVANOVITSJ Petoesjok, heb je een minuutje, ik moet je even spreken. Wat wou jij nou?

PETOESJOK Wat?

VLADIMIR IVANOVITSJ Met die Nadja. Ze heeft geen flauwe notie. Ze kent me niet eens. Wat wou je nou?

PETOESJOK Wat?

VLADIMIR IVANOVITSJ Wou je me belazeren? Ze ziet me voor het eerst. En wat beweer jij? Dat ze me opgemerkt heeft toen ik laatst bij je langs kwam, dat ze op me valt, dat ze me wilde leren kennen... Op me valt... Heb je gelogen?

PETOESJOK Ze is verlegen, Vladimir Ivanovitsj, het is een jong meisje... Wacht maar een beetje. Maak haar een beetje het hof, je bedenkt wel wat...

VLADIMIR IVANOVITSJ Daar ben ik te oud voor. Je had me wat beloofd en daar had ik me op ingesteld.

PETOESJOK Waarop?

VLADIMIR IVANOVITSJ Dat ik niks zou hoeven doen.

PETOESJOK Nou, dan doe je niks. Het is weekend, rust maar lekker uit.

VLADIMIR IVANOVITSJ Zit ze te zeuren over een coöperatiewoning, of je die kan erven of niet — hoe weet ik dat nou? Al die flauwekul! Je hebt me bedrogen.

PETOESJOK Jij bent ook geen heilige, moet je weten.

VLADIMIR IVANOVITSJ Heb ik jou soms iets beloofd?

PETOESJOK 'Samen op de werkplek, samen erop uit...'

VLADIMIR IVANOVITSJ Ja! Erop uit. Maar het moet wel leuk zijn. En nuttig. En niet alleen!

PETOESJOK Ben je alleen dan?

VLADIMIR IVANOVITSJ Ik persoonlijk ben op het moment alleen.

PETOESJOK Wacht maar...

VLADIMIR IVANOVITSJ Ik ga weg.

(Op de overloop verschijnt Nadja. Ze draagt een lange oma-jurk in de kleur van theerozen, met kant, volants, ruches en de hele ouderwetse mikmak.)

PETOESJOK Daar hebben we Nadjenka!

VLADIMIR IVANOVITSJ Ik ga weg!

PETOESJOK *(tegen Vladimir Ivanovitsj)* Je zult zien...

VLADIMIR IVANOVITSJ Ik heb het al gezien. *(Af)*

PETOESJOK En, Nadjenka, was het leuk boven?

NADJA Pjotr Vjatsjeslavovitsj, wilt u me een arm geven, de trap is zo steil... *(daalt de trap af, beeldt niet al te bedreven een deftige dame uit)* Wat een buitengewoon weer, is het niet?... Maar u heeft me wel bedonderd, Pjotr Vjatsjeslavovitsj.

PETOESJOK Mijn glimlachje... Werkelijk?

NADJA Ik ben zo goed van vertrouwen, zo onervaren... Ik geloofde u. Ik dacht... u had me verteld... dat hij alles wist van coöperaties, dat hij me zou helpen, me raad zou geven... Ik weet er niets van af... en hij ook niet.

PETOESJOK Dat woningprobleem lossen we wel op, dat beloof ik.

NADJA Het is verkeerd een arm meisje te bedriegen. *(weer als deftige dame)* Ik heb de hele ochtend migraine gehad, en toen kreeg ik last van mijn podagra.

PETOESJOK Het is ook maart... Mijn glimlachje...

NADJA Mijn vriendin wilde me vanavond meenemen naar een feest van de artillerieacademie. Er zijn veel fat-

47

soenlijke mannen bij de militairen. Vooral bij de artilleristen. Is het hier ver naar het station?

(Pasja komt op. Hij hoort Nadja's laatste woorden.)

PASJA Ik kan u wel even brengen.

VALJOESJA Ik moet ook naar het station.

PASJA Ik kan ook meteen naar de stad rijden. Ik geloof dat iedereen dezelfde kant op moet.

PETOESJOK Pasja, ga jij ook al weg?

PASJA Ik zie die schuur van je toch niet zo zitten. Hij is trouwens niet eens van jou. Je deelt hem met de buurman. Niet de beste manier om je vrienden te bedonderen. En waarom heb je me de stad uit gesleept? In mijn vak moet je het van de weekends hebben. *(loopt naar de auto)* 'Je kan een huis kopen, Pasja, je kan een huis kopen, Pasja...'

PETOESJOK Ja, ik heb jullie bedrogen!...

(Geluid van een motor die aanslaat.
Petoesjok aarzelt een seconde en komt dan plotseling met een ruk in beweging. Hij rent Pasja achterna, probeert hem in te halen. Haalt hem in. Er volgt een handgemeen.)

Ik ben veertig jaar!... Ik ben veertig jaar!...

VLADIMIR IVANOVITSJ Nou en? Ik ben tweeënveertig. Nou en?

PETOESJOK Maar ik zie er jong uit! Ik ben veertig jaar! Maar ik zie er jong uit! Ik heb nog nooit eigen woonruimte gehad! Een eigen huis!... Nog nooit!..

NADJA Wie gaat er nou zo met zijn vrienden om.

VALJOESJA Hij heeft een wooncomplex.

PETOESJOK Er kwam nooit iemand op mijn verjaardag!

NADJA Bent u vandaag jarig? Gefeliciteerd!

(Handgemeen. Pasja draagt Petoesjok in zijn armen het huis in en legt hem op de sofa.)

PETOESJOK *(tot rust gekomen)* Veertig plus veertig, dat is dan één roebel veertig.

LARS *(verschijnt op de veranda)* Attention!... Mijn grootvader was variétéartiest. Tijdens de voorstelling liep hij de zaal in, zocht iemand uit van een of andere nationaliteit en wist hem tot tranen toe te ontroeren door hem in zijn eigen taal toe te spreken, maar de persoon in kwestie verstond er intussen geen woord van, hoewel hij bereid was te zweren dat het zijn taal was. Mijn grootvader imiteerde de klanken van zo'n taal, hij schiep een uiterlijk klankeffect. Do you understand me?... Alleen met Russen ging het geintje niet op. Russisch kende hij, en als hij een Rus had uitgezocht, dan voerde hij daar een gewoon gesprek mee, waarbij hij ook altijd even informeerde naar de roemruchte stad Tobolsk. Jullie vragen waarom ik accentloos Russisch spreek — het vermogen tot klanknabootsing zit in mijn bloed. *(geeft een demonstratie)*

(Petoesjok springt op van de sofa en verdwijnt in een andere kamer. Felle pianogeluiden uit die richting. Een boogie-woogie.)

PETOESJOK Ik woonde met mijn vader en moeder in één kamer, smal en lang als een tram. Hij was helemaal volgestouwd, en dat bankje van mij paste precies tussen een inspringend stuk muur en de kast. Als mijn moeder 's ochtends de kastdeur opendeed kwamen mijn bankje en ik in beweging, we schoven een heel klein stukje opzij, een millimeter of drie. Ik werd knettergek van die drie millimeter! De kastdeur ging open, drukte tegen de rand van mijn bank, de bank verschoof en ik ook. En er was niets aan te doen! Het was de enige manier waarop onze meubels in de kamer pasten. Dus daar lag ik te schuiven, drie millimeter heen, drie millimeter terug. Tot mijn vierendertigste. Toen stierf mijn moeder en ging de kast veel minder vaak open... Waarom vertel ik dit?... Kortom, ik dacht, jullie willen vast niet zomaar met me mee. Ik geloofde niet dat dat kon, zomaar, zonder reden. En nu kunnen jullie gaan. *(tegen Lars)* En er is hier geen beek. Hoor je dat, Balt? Bos wel. Maar geen beek.

(Pauze)

PASJA Vreemd, dat bos hier, ik heb net even gekeken, dat doet uit de verte denken aan een Japanse gravure. Hiroshige heeft iets dat erop lijkt.

LARS Wat! Maar je zei toch... Je hebt zelfs de naam genoemd. De Viljoejka, of de Viljajka...

VLADIMIR IVANOVITSJ Valjoesjka.

VALJOESJA Is het ver, dat bos van je?

PETOESJOK Kilometer of twee. Drie. En een half.

PASJA We kunnen er wel even heen rijden. Ik wil wel eens zien of dat bos van jou van dichtbij ook Japans is.

(Petoesjok gaat weer aan de piano zitten. Weer klinkt de boogiewoogie.)

LARS Hè nee, wat een onzin!... Dat moet je lopen, die drie, vier kilometer, op blote voeten... Door de blote voet stroomt alle elektrische lading naar de aarde. You know? 'Techniek voor de jeugd' — read it?

VALJOESJA *(trekt haar schoenen uit)* Welja, ontladen maar!

VLADIMIR IVANOVITSJ Ik word gauw verkouden.

NADJA En ik trap altijd in iets smerigs.

PETOESJOK Ik wou even zeggen... 't is maar dat jullie het weten... Als jullie na de wandeling hier terug komen, weet dan dat het huis tot jullie beschikking staat.

NADJA Drie en een halve kilometer, hoeveel bushaltes is dat?

VALJOESJA Ik ben in geen eeuwen in een bos geweest...

VLADIMIR IVANOVITSJ Het stikt nu van de paddestoelen...

NADJA Daar heb ik nou geen flauw benul van, van paddestoelen: inktzwammen, stinkzwammen...

PETOESJOK Nee, julle begrijpen het niet... Ik heb jullie bij elkaar gebracht omdat we allemaal iets gemeen hebben. Jullie zijn stuk voor stuk... ik ook... we zijn allemaal alleen.

NADJA Hoezo? Een, twee, drie, vier, vijf, zes.

LARS Oei, ze heeft ons bij elkaar opgeteld!...

PETOESJOK Nu wel. Nu zijn we samen zes. Maar zodra we niet meer samen zijn, zijn we allemaal weer alleen. Ik ben alleen, jij bent alleen, zij is alleen... We zijn *eenlingen.*

VALJOESJA Bedoel je alleenstaanden of zo?

PETOESJOK Ik wou dat woord niet gebruiken... Voor de verkiezingen kwam er een agitator bij ons langs. Ik zit in mijn kamer en hoor hem in de gang vragen: 'En wie woont daar?' Dat sloeg op mijn deur. Zegt de buur-vrouw: 'Daar woont een alleenstaande.' Het maakte me bang.

NADJA Ik heb eens een poes geprobeerd. Ze liep weg. Ze vond het leuker bij de katers op de vuilnisbelt.

PETOESJOK Je kan een gezin hebben, of je kan vrijge-zel zijn. Maar er is toch ook nog een derde mogelijk-heid — met een stel vrije volwassen mensen wonen, we zijn niet afhankelijk van elkaar maar we vinden het pret-tig met elkaar. We hebben ons eigen huis en daar wo-nen we in. Met een stel mensen. *(tegen Nadja)* Trouwens, ziedaar de oplossing van de woonproblemen.

PASJA 'We hebben ons eigen huis' — bedoel je dit huis?

PETOESJOK Pasja krijgt de grootste kamer met het meeste licht. Haal je boeken hier maar heen, en je schil-derijen, hang ze voor mijn part door het hele huis. Waar-om zou je een ander huis kopen? Zo kunnen we nog eens van de kunst genieten, en van oude dingen, en van el-kaar. Binnen of achter in de tuin. Wat kan er mooier zijn dan samenleven en elke dag van elkaar genieten?

LARS 'Mooie zeden in Ede, zei oom'! Schrijf maar op, er staat hetzelfde van links naar rechts als van rechts naar links. 'Mooie zeden in Ede, zei oom'! Probeer maar!...

PETOESJOK In Amerika, heb ik ergens gelezen, hebben ze eens een paar buren, mensen die in vrijstaande hui-zen woonden, die elkaar in geen jaren gezien hadden, nou, die hebben ze met elkaar in een kamer opgesloten — het was een experiment — ze moesten een hele dag in die kamer doorbrengen, en wat ze daarna zeiden — eentje zei: 'Ik vond het een onbeschrijfelijke gewaarwor-ding toen ik de schouder van mister Johnson aanraakte en vroeg hoe mevrouw zijn moeder het maakte,' en een ander: 'Het deed mij een groot genoegen dat mrs. Smith op mijn tenen trapte, zich verontschuldigde, en toen een gesprek met me aanknoopte over onze kinderen.' Als we vijftig zijn is het te laat, maar op je veertigste kan je nog wat wagen, verdomme! Eerst komen we hier in de week-ends, dan nemen we samen vakantie, en dan...

LARS 'Je vroeg me fluisterend: en dan, en dan?'

PETOESJOK ... misschien gaan we hier dan permanent wonen.

VLADIMIR IVANOVITSJ Na ons pensioen?

VALJOESJA Een perspectief!

PASJA Ik kan je een pruik geven uit de tijd van Paul I — grijs met een vlechtje en een zwart lintje...

VALJOESJA Ik wou dat iemand eens een boek schreef over een ongelukkige maar vrolijke vrouw.

PASJA Als je hem op je hoofd zet komen er onder die pruik interessante gedachten op.

LARS Ik zeg meteen ja!

PETOESJOK We zijn al veertig, het wordt tijd om eens na te denken over ons vijftigste, zestigste, zeventigste...

PASJA 'Wij' is niet juist. Nadja is pas zesentwintig.

NADJA O, ik ben zo dom in die dingen!

PASJA Zij heeft nog jouw hele leven voordat ze tachtig is.

VALJOESJA Hou je er buiten! Voor vrouwen gelden andere cijfers.

PETOESJOK We zullen elkaars schouders aanraken, elkaars ellebogen...

VLADIMIR IVANOVITSJ Op elkaars tenen trappen.

PETOESJOK Ja! En met bijzonder genoegen, van ganser harte op elkaars tenen trappen!

LARS Jongens, ik ben een Zweed! Een rasechte Zweed uit Zweden! Ik woon in Stockholm, daar heb ik een driekamerwoning, een boomwortel die op de cabaretier Chazanov lijkt, een reisgids van Tobolsk, een uitloper van de Baltische zee voor de deur... Ik wilde het niet vertellen, ik was bang dat jullie zouden schrikken — een Zweed op het Russische platteland... Maar we zijn zulke goede vrienden geworden! Ik ben dus een Zweed. Jullie vragen hoe ik hier terecht gekomen ben? Ik heb een Russische vrouw. Of liever, ik lig in scheiding. En toen ik Petoesjok ontmoette terwijl ik door het rode licht liep, toen was ik gewoon meteen... Meteen! Jullie vragen, waarom wil die man niet terug naar zijn permanente verblijfplaats, naar Zweden, nou, dat zal deze man jullie vertellen, deze man houdt van jullie land, hij verzamelt wortels die op jullie populaire artiesten lijken, hij leest de 'Techniek voor de jeugd'... Na de slag bij Poltava in 1709 werd een voorvader van deze man gevangen genomen door jullie tsaar Peter en verbannen naar Tobolsk, daar bouwde die voorvader de stadsrenterij of hoe heet zoiets — rente! — ik bedoel het gebouw voor de schatkist, dat te zien is op een foto in de reisgids van Tobolsk, Noordsiberische Uitgeverij 1978, bladzijde 112. Uit Tobolsk nam mijn voorvader een Siberische zigeunerin en een hele sleep kinderen mee naar Zweden. Of liever, eerst nam hij ze mee naar Noord-Italië en pas later, aan het eind van zijn leven, verhuisde hij naar Zweden. Daarom beschouw ik mezelf als een man van het Zuiden, het was dan wel Noord-Italië, maar toch... En dat artiestenbloed hebben we dus van die zigeunerin, reeds mijn grootvader reisde alle Europese variététheaters af met zijn originele nummers; enkele daarvan zal ik jullie straks de-mon-stre-ren.

NADJA En wat is uw vrouw voor iemand?

LARS Ze is met me getrouwd om naar Zweden te kunnen, en ik ben met haar getrouwd om in Rusland te kunnen wonen.

NADJA Mag dat dan zomaar?

VALJOESJA Hoera! Wij rukken op; de Zweden moeten wijken!

VLADIMIR IVANOVITSJ Hé opa, wie moet u eigenlijk hebben?

(Nu pas merkt men dat er zich een buitenstaander bij het gezelschap heeft gevoegd. Het is een oude man, tegen de tachtig, maar zijn gestalte is recht en rijzig, hij heeft zelfs iets elegants over zich, dat echter niet ondersteund wordt door navenante kleding.)

OUDE MAN Ik kende het geheim van het hek... Hoe je erin komt. Mijn excuses. Nogmaals mijn excuses. De klink niet omlaag maar omhoog, ietsje naar rechts en trekken. Maar heel voorzichtig, als je te hard trekt slaat hij weer dicht.

PASJA 'Voor mijn lieve Lizanka van Koka'.

53

OUDE MAN Ik heb een brief gekregen, een onbekend handschrift.

PETOESJOK Brjansk, Astronautenstraat 43.

OUDE MAN Vierendertig, maar de post heeft me gevonden.

PASJA 'Voor mijn lieve Lizanka van je liefhebbende Koka'.

OUDE MAN Ik had een couchette in het gangpad. De hele nacht heen en weer geloop... Jassen langs m'n gezicht.

VALJOESJA Wij zijn hier nog maar pas.

OUDE MAN Dat dacht ik al. Mag ik me voorstellen, Nikolaj Ljvovitsj Kreksjin. Jelizaveta Michajlovna noemde me Koka. Alle Nikolajs in onze familie werden Koka genoemd...

PASJA *(tegen Petoesjok)* Daar, boven, staat een foto op de toilettafel. *(tegen Koka)* Uw portret en profil. Om de een of andere reden met balalajka.

KOKA Ja, ja, en profil... Dat vervloekte portret! Here God, wat is het moeilijk het woord 'zaliger' uit te spreken!

PETOESJOK Hoe weet jij dat, Pasja?

KOKA Hij zette me voor zijn fototoestel neer en duwde een balalajka in mijn handen. Waarom een balalajka? Waarom heb ik hem aangenomen? De stupiditeit!...

PASJA Ik heb een grote collectie daguerrotypieën.

(Tijdens deze scène heeft Nadja in de ouderwetse theerozenkleurige omajurk recht tegenover Koka gezeten. Ineens recht ze haar rug, haar hals lijkt langer te worden, en met een elegant handgebaartje zegt ze)

NADJA Wat een buitengewoon weer, is het niet?

(Koka siddert, wordt bleek, strekt zijn armen uit en begint als een slaapwandelaar in Nadja's richting te lopen.)

KOKA Liza!... Lizanka!... Here God! Hoe kom jij hier?...

(Zijn benen begeven het en voordat hij twee stappen heeft kunnen doen stort hij ter aarde.)

VALJOESJA Laat die oude man toch niet zo schrikken.

DOEK

54

De veranda van het oude huis ziet er nu bewoond en zelfs feeste-
lijk uit. Een grote ovale tafel is gedekt met een sneeuwwit ta-
fellaken. Kaarsen in bronzen kandelaars, hoge rode wijngla-
zen van dik glas, een sierlijke schaal met vruchten... De 'kolo-
nisten' geven oude brieven en prentbriefkaarten aan elkaar door.
Een ononderbroken werveling van witte enveloppen. Alle be-
woners van het huis zitten aan de tafel. Nadja en Koka aan
de beide uiteinden tegenover elkaar. Nadja in de omajurk die
ze aan het eind van het eerste bedrijf aan had. Koka heeft een
grijze breedgerande hoed op.
Voor Nadja ligt een stapel brieven van Petoesjoks oudtante. Een
paar ervan liggen, kennelijk al gelezen, voor Koka.
Nadja pakt de volgende brief en leest voor.

NADJA 'Lieve Koka, Het valt me moeilijk mij voor te
stellen, dat er een tijd zál komen dat je niet meer mijn
lieve Koka zult zijn, maar de alom geachte Nikolaj Ljvovitsj Kreksjin. Wanneer ik mij dat echter toch voorstel,
tekent zich in mijn verbeelding een grijze, gedistingeer-
de heer af, gezeten in een hoge Voltaire-fauteuil, en om
hem heen krioelen en tsjirpen zijn — dat wil zeggen jouw
— talrijke kinderen en kleinkinderen. Maar mijn fanta-
sie schiet tekort wanneer ik probeer mij háár voor te stellen, die naast jou troont, ik zie slechts de hoofdsteun van
haar stoel, met fijn kant overtrokken, en haar kleine, met
lila fluweel beklede voetenbankje. Maar wie is zij? Wie
zij echter ook moge zijn, ik zegen haar. Moge zij waar-
dig en gelukkig door het leven gaan, geleid door jouw
sterke hand. Mij zal mijn leven lang bijblijven hoe te-
der die hand was, toen je — weet je nog? — dat vlindertje de vrijheid gaf; je liet het uit het raam vliegen,
raakte mijn haar aan en liet daar een wit spoor van stuif-

meel op achter. 'Mijn kleine Pierrot,' zei je tegen me, en we begonnen een gesprek over Blok, dat de acteurs die zijn 'kermisklucht' speelden, gegrimeerd zouden moeten worden met stuifmeel van vlinders en bloemen. Mijn God, wat sprak je toen mooi, lieve Koka! En wat hebben we daarna heerlijk gezwegen! Het leek wel een heel leven, dat we toen samen doormaakten, en mijn haar met het stuifmeel leek werkelijk grijs geworden. Ik omhels je, mijn engel. Er is zoveel dat ik je wil zeggen, voorlezen, vertellen. Goed dat je alles ook zo al weet. Je Liza.'

(Na lezing geeft Nadja de brief door aan Pasja, die naast haar zit, Pasja geeft hem aan Valjoesja, Valjoesja aan Vladimir Ivanovitsj, Vladimir Ivanovitsj aan Lars, Lars aan Petoesjok... Nadat hij de kring is rondgegaan, komt hij bij Koka terecht.)

KOKA Dat was hier, in juni. Die vlinder zat vast in de vitrage, ik maakte hem los en liet hem dat raam uit vliegen. Maar hij vloog niet op naar de hemel, hij viel in het bloembed en lag daar te schokken en te stuiptrekken tot hij verstijfde. Er was teveel stuifmeel aan mijn vingers blijven zitten.

PETOESJOK Bevlinderde vingers...

KOKA Ik heb haar natuurlijk niet verteld dat de vlinder was omgekomen. Ik deed zelfs alsof ik zijn vlucht met mijn ogen volgde. Hoe had ik haar kunnen bekennen dat ik een schepsel Gods te gronde had gericht?

VALJOESJA Het leven is verschrikkuluk.

KOKA Vroeger stond hier, in een knus hoekje op de bovenste plank van het buffet, een karafje wodka. We plachten ons een voor een in deze kamer af te zonderen om een glaasje te nemen. Om ons moed in te drinken. Huzaren!... We vulden de voorraad zelf aan en vervolgens gingen we er stiekem in ons eentje van zitten drinken.

NADJA *(leest een brief voor)* 'Lieve Koka! Gisteren om twee uur 's middags ben ik thuisgekomen, niemand verwachtte me, ze dachten dat ik pas donderdag zou komen... nee, vrijdag. De weg was zo saai, ik verveelde me zo verschrikkelijk dat ik wegdommelde en vier uur geslapen heb. Eenmaal hier aangekomen werd de verveling nog erger. Zodat ik er gauw weer tussenuit knijp. Dag, veel liefs en groet je familie. Je Liza.'

KOKA Iedere zomer werden we van elkaar gescheiden door de vakantie. Ik ging naar mijn ouders in de buurt van Nizjni-Novgorod, en zij hierheen — en we deden niets anders dan schrijven. Waar hebt u die brieven gevonden?

PETOESJOK Doosje onderin een hutkoffer.

KOKA Het is een wonder! Een wonder!

NADJA Verzonden naar Moskou.

KOKA Tegenwoordig gaan de mensen 's zomers weg van hun ouders, maar in onze tijd was het omgekeerd — de zomer was voor papaatje en mamaatje, voor hun plezier en genoegen. Maar het afscheid nemen van vrienden en geliefden... Ik vervloekte de zomer!

NADJA 'Ik heb spijt dat ik je niet op het station nog een laatste keertje gekust heb. Ik moest er de hele weg aan denken. Nikolaj, we zullen elkaar spoedig zien!'

PASJA Nikolaj Ljvovitsj, wat heeft u daar een sjiek hoofddeksel.

KOKA O ja! Een Europees model. Van een Weense firma. Vandaag wil ik eruit zien als een heer. 'Jij verlangde altijd naar de vlammen van een wild, alles verterend vuur, om er samen, jij en ik, in op te branden, hecht verstrengeld tot in 't stralend stervensuur.'

LARS Bravo, bravo!...

KOKA Blok. Zo wordt er tegenwoordig niet meer geschreven.

VALJOESJA Zo wordt er tegenwoordig niet meer bemind.

KOKA Begrijpt u me goed, wij gaven ook niet zo makkelijk bont en briljanten cadeau. Maar een dame een ring geven — dat was een allemachtig genoegen!... *(over de jurk die Nadja aan heeft)* Die japon, dat was ook een cadeau. Die heb ik op de Koeznetski gekocht, bij Cochet. Al die vonkjes in Liza's ogen, toen ik de doos opendeed!...

NADJA Ik koop mijn ringen en broches altijd zelf. Bij de sigarenboer. Goedkope, maar dan kan je tenminste eens wat anders dragen. Laatst hadden ze een broche met Jesenin. Eén roebel zevenennegentig. Mijn lievelingsdichter.

KOKA Hij hing in de etalage op de Koeznetski en ik vond hem prachtig. Er hoorde nog zo'n schoudermantelje bij... Hij kostte me al het geld dat ik bij me had, en ik liep heel Moskou door met die doos. Ik had geen geld meer voor een rijtuig. Tegenwoordig bemint men elkaar om samen te leven, niet om samen te sterven.

NADJA *(leest voor)* 'Kokosja, mijn lieverd, knapperd van me, met mij gaat het goed; het weer is ook schitterend, maar gisteren heeft het geregend en geonweerd, de takken waaiden van de bomen.'

PASJA *(tegen Petoesjok)* Die hoed van Nikolaj Ljvovitsj zou jou goed staan.

PETOESJOK Nee, ik ben meer iemand voor een pet. Dat heb ik al lang geleden besloten — ik ben een pettenman.

PASJA Je vergist je, je bent een hoedenman.

KOKA Ik verkocht altijd alles, ik heb me steeds ontdaan van alle ballast, maar deze hoed, dit Europese model — nee! Ik heb een zak om de doos genaaid en zo sleepte ik hem overal mee naar toe. Zodat ik u tot mijn spijt niet kan laten passen, meneer.

NADJA Een goed handschrift, ik kan alles lezen... *(leest voor)* 'Vaak trek ik de japon aan, die je me cadeau gedaan hebt, ga aan tafel zitten, open het doosje met jouw brieven en lees de ene brief na de andere. Ik hoor je stem, zie de glans van je ogen, je adem beroert mijn gezicht — en mijn verdriet smelt weg, vervluchtigt als een wolk na een frisse windstoot. Schrijf me vaker. Je Liza'.

KOKA Je Koka.

(Pauze)

VALJOESJA Kijk eens wat een mooie ring onze Pasja om heeft.

VLADIMIR IVANOVITSJ Dat vingertje kost al gauw een duizendje.

NADJA Oh, een leeuwenkop op ware grootte. Is hij verguld?

PASJA Massief. Dit is een arbeidersvinger, die heeft recht op goud.

VLADIMIR IVANOVITSJ Ik heb ooit een trouwring gehad. Ik maakte er bierflesjes mee open.

VALJOESJA Hou je van bier?

PASJA Bovendien hebben we vandaag weekend, mijn ring en ik. Recht op rust en verpozing.

NADJA Oei, had ik toch bijna die jurk gescheurd! Er zit hier een spijker in de muur...

PASJA Waar is de boosdoener?

NADJA Ietsje hoger.

PASJA Aha, daar zit-ie. Gesnapt! Nu even opletten. Nikolaj Ljvovitsj!

KOKA Ja?

PASJA Ik wil dat u dit ziet.

KOKA Ja, ja.

PASJA Snelheid is hier het devies... Het moet vlot gebeuren. Ziet u deze spijker?

KOKA Ja.

PASJA Nu van de vlotte. Hup! *(rukt met één beweging de spijker uit de muur)* Nikolaj Ljvovitsj, is dat een echte Borsalino?

VALJOESJA Bravo!

KOKA Ik heb in geen tijden een hoed gedragen. Nu wil ik hem op.

PASJA Nikolaj Ljvovitsj, u bent de gast, u kunt het hebben zoals u wilt. Het spijt me als ik te brutaal geweest ben.

KOKA Een rasechte! Ik verkocht altijd alles, ik heb me steeds ontdaan van alle ballast, maar deze Borsalino — nooit! Ik heb een zak om de doos genaaid en zo sleepte ik hem overal mee naar toe. Maar ik heb hem pas vandaag opgezet, om hier als een heer te kunnen verschijnen. *(tegen Vladimir Ivanovitsj)* Neemt u mij niet kwalijk, maar wat is eigenlijk uw beroep?

VLADIMIR IVANOVITSJ Mijn beroep? Ik ben ingenieur.

PASJA *(houdt de spijker tegen de muur)* Nikolaj Ljvovitsj!

KOKA Ja?

PASJA Deze truc draag ik aan u op.

KOKA Ja, ja... Dank u wel.

PASJA Kunt u het goed zien?

KOKA Ik ben gereed.

PASJA Nogmaals, de snelheid is doorslaggevend. Van de vlotte. Hup! *(duwt de spijker in de muur)*

(Petoesjok hangt een mooi ingelijst portret aan de spijker. Het is een afbeelding van Jelizaveta Michajlovna in een ouderwetse jurk.)

PETOESJOK Dit portret heb ik op de zolder gevonden.

VLADIMIR IVANOVITSJ Ze heeft iets dat me aan Nadja doet denken...

VALJOESJA D'r jurk.

(Pauze)

PETOESJOK Valjoesja, vertel eens over je man.

VALJOESJA Wat?...

PETOESJOK Hoe je met hem leefde, waarom jullie uit elkaar zijn gegaan... Nou ja, gewoon.

LARS Petoesjok, dat is mijn woord, 'gewoon'.

VALJOESJA Nee, ik vroeg: 'Wat?'

PETOESJOK Het hoeft niet hoor, als je niet wilt.

VALJOESJA Omdat ik alleenstaand ben en boven de veertig kan je met mij maar raak doen?

PETOESJOK Het was maar een vraag.

VALJOESJA O, Petoesjok!

KOKA *(heeft nog geen moment zijn ogen van het portret afgewend)* Liza!... Lizanka!... Precies zoals ik me haar herinner.

NADJA *(heeft een paar brieven in haar hand, leest voor)* 'Christus is opgestaan! Mijn lieve, dierbare Lizanka, ik wens je van ganser harte een gelukkig Paasfeest! Dat je de heilige Opstanding onzes Heren in goede gezondheid mag vieren! Ik kus je in gedachten, ik wens je veel geluk en mezelf een spoedig weerzien met jou. Mijn schat, laten we drinken op elkaars gezondheid en ons toekomstig geluk. Laten we drinken en vrolijk zijn! Het ge-

vraagde kiekje kan ik niet sturen, aangezien ik me in Sebastopol nog niet heb laten fotograferen. Je vurig liefhebbende Koka. Negen mei negentienzestien.'
   (Er tinkelt een belletje.)
'Koka, lieveling! Ik wens je een zalig Kerstfeest! Mijn
God, wat heb ik een moeite met deze dagen! Het feest
van het Licht, en jij bent niet bij me! Weet je, ik ga vandaag de hele dag aan jou zitten schrijven. Het is nu ochtend. Ik weet me geen raad. Ik heb hoofdpijn. Gisteren
heb ik tot diep in de nacht patience gelegd, totdat het
uitkwam. Zoëven werd ik wakker — op tafel liggen vier
azen. Jij bent al die azen. Jij bent de schoppen, jij bent
de ruiten, jij bent de klaveren, jij bent de hartenaas, dat
kleine rode hartje. Weet je, als ik je brieven ontvang,
kus ik ze. Niet altijd, maar soms heb ik het zo te pakken, dat ik dan maar bij gebrek aan beter je brief een
kus geef. Vind je me dom?....'
   (Geluid van het belletje.)
'Lieve, lieve Koka. Daar zit ik weer aan mijn brief. Ik
heb ontbeten en me op mijn kamer teruggetrokken om
verder te schrijven. Gisteren zou ik met tante Lelja naar
het Drievuldigheidsklooster gaan; we hadden afgesproken daar wat te wandelen — een frisse neus halen, een
beetje rondkijken — en de volgende dag terug te komen.
Maar tante had een lichte ongesteldheid en daarom ging
het tochtje niet door, maar we zijn toch in de slee gestapt
en naar het Allerheiligenklooster gegaan, hier dichtbij,
daar hebben we stapvoets gereden en de besneeuwde
dennen bewonderd. Ik was blij dat ik even buiten kon
zijn. Mijn schat, hoe gaat het met jou? Hoe voel je je?
Mijn God, wat een geluk zou het zijn hier, in ons huis,
met jou te leven, hier samen te zijn en elkaar te bemin-
nen! Maar daar kunnen we nu slechts van dromen. We
zullen wachten. Een stevige kus en ook een in je nekje.
Je Elizabeth de eerste (en enige).'
   (Geluid van het belletje.)
'Weer neem ik de brief aan mijn Koka ter hand. Het
middageten is al achter de rug. We hadden een hoogst

curieuze familie te gast. Als je erbij was geweest, zouden we het uitgeschaterd hebben. Een mamaatje met twee babbelzieke dochters — een tweeling — en een zoon, een afgestudeerd seminarist die doorgaat naar de universiteit. De vrouw en kinderen van de priester, vader Filimonov. Stuk voor stuk types uit de vorige eeuw. Een complete theatervoorstelling! En hoe gaat het met jou? Hoe is het daar? Wat doe je zoal?... Ach, kon ik maar éven een blik op je werpen!... Je schrijft niets, maar dan ook niets over je gezondheid. Je wilt zeker niet dat ik me zorgen over je maak? Denk wat je wilt, maar schrijf me meer over jezelf, zodat ik een indruk krijg van je leven daar in Sebastopol. Er is iets dat je dwars zit, dat voel ik. Het is een heldere, koude dag vandaag. Mijn hart is bij jou. Je L. Wat betekent die letter? Liefde?...'
(Geluid van het belletje.)

'Koka, liefste, daar ben ik weer. Het is nu avond. Ik ben een beetje duizelig. We hebben Glühwein gedronken bij het avondeten, maar mijn humeur werd er niet beter op. Onze kerstboom is prachtig, heel groot, we hebben hem versierd met niets anders dan plukjes watten en gouden en zilveren slingers, hem met glitter bestrooid en de kaarsen aangestoken, het resultaat was mooi en origineel. Ik had zin om te huilen. Ik dacht aan jou en wilde dat je erbij was! Ach, Nikolaj, Nikolaj!... Wat gaat er gebeuren?! Wanneer, o wanneer zullen wij elkaar weerzien? Wees gezond, gelukkig en vrolijk. Gelukkig Kerstfeest, vreugde mijns harten! God zij met je, slaap zacht. Ik ben je engel, ik zweef boven je hoofd. Liza.'
VLADIMIR IVANOVITSJ *(leest de achterkant van een briefkaart)* 'Sebastopol. Nachimov-boulevard.'

KOKA Ach, wat heb ik daar lopen pierewaaien, op de Nachimov-boulevard! Jeugd, waar ben je gebleven?... 'Vliedend als golven zijn onze dagen...' Op diezelfde Nachimov-boulevard was ik Sanjetsjka Sjpakovski tegengekomen, die kende ik nog van het gymnasium. Hij mocht dan Sanjetsjka heten, maar ondertussen was hij een monster, een echte duivel. Wat ik met hem allemaal niet uitgehaald heb!... ''k Ben van ver gekomen, 't was me 'n grote eer, maar nu moet ik gaan varen, dus tot ziens maar weer.' Na een treffen met de broers van zekere dame was ik genoodzaakt enige tijd het contact met fototoestellen te vermijden. Tja... Arme Liza!... Zodoende kon ik haar het gevraagde kiekje dus niet sturen.

PETOESJOK Arm tantetje, en zij maar smachten hier in de knoeke.

KOKA Ik hoop dat dit onder ons blijft.

PASJA Nikolaj Ljvovitsj, wij zijn ook heren.

KOKA Hoewel dat tegenwoordig niet veel meer betekent... Maar wat die foto betreft heb ik toch een uitweg gevonden — ik heb me en profil laten kieken!

NADJA *(leest een brief voor)* 'Lief meiske van me! Thuis stuitte ik op een nummer van het Nieuwsblad van Odessa, dat sterke gevoelens in mij teweeg bracht, met name omdat er een advertentie in stond van restaurant Het Noorden. En het werd me zeer droef te moede, toen ik terugdacht aan die voor mij zo gelukkige laatste avond met jou. Jij ging daarna naar Palermo. Liefste, ik ben niet bij machte verder te schrijven. Je jongetje, Koka. Schrijf gauw!'

KOKA O, restaurant Het Noorden!... Kijk, in deze brief heb ik haar de wijnkaart gestuurd. *(leest voor)* 'Pont-Cané, Haut-Barsac, Irrois-Gala, Irrois Grand-Gala, Irrois-Brut, Irrois-Américain, Port, Vermouth... Tijdens lunch en diner Roemeens orkest onder leiding van Mataki.' Hoe zou die straat tegenwoordig heten?

VLADIMIR IVANOVITSJ Nog steeds Nachimovboulevard.

KOKA Wat zegt u me daar!

VLADIMIR IVANOVITSJ *(leest de tekst op de briefkaart die hij op dat moment in zijn handen heeft)* 'Sebastopol. Gezicht op de Erebegraafplaats.'

KOKA *(nog steeds met de wijnkaart in zijn hand)* Maître d'hotel George.

NADJA *(tegen Koka)* Bedoelt u deze foto? *(laat een op dik karton geplakte foto zien, die ze op de tafel heeft gevonden)*

KOKA Ja! Dat ben ik!... Dat vervloekte portret!

VALJOESJA *(bekijkt de foto)* U hebt een heel geslaagd profiel.

KOKA 'Voor mijn lieve Lizanka, van je liefhebbende Koka.'

PASJA *(leest de tekst op de achterkant van het portret)* 'Hoffotograaf van Zijne Majesteit de Sjah van Perzië, Zijne Majesteit de Koning van Servië, Zijne Hoogheid de Aartshertog van Oostenrijk, Zijne Hoogheid de Vorst van Montenegro en Zijne Koninklijke Hoogheid de Prins van Zweden en Noorwegen. Gebroeders Weiner, Sebastopol.' Een engel was u dus niet...

KOKA Ik was een grote schoft met betrekking tot het schone geslacht. Neemt u mij niet kwalijk.

VALJOESJA Zo'n slechte eigenschap is dat nou ook weer niet.

NADJA *(dreigt met haar vinger)* Foei, u bent stout!...

KOKA Kleine bedriegerijtjes en kleine kwajongensstreken zijn in het spel der liefde onontbeerlijk. Ze houden de man in vorm. *(vertelt een dubbelzinnig mopje in het Frans. Iedereen lacht.)* Neemt u dat aan, jonge lieden, van een oude schuinsmarcheerder die zijn sporen al vóór de revolutie verdiend heeft. En oordeelt u niet te streng.

NADJA Kijk wat ik hier vind! *(houdt een brief in haar hand)* 'Nikolaj, Na datgene wat mij ter ore gekomen is, kan ik niet op de oude manier met u blijven verkeren. Ik verzoek u, niet te komen en niet te schrijven, ik wil u niet meer zien...'

KOKA Wat?... Wat leest u daar?...

NADJA Het staat er. '... ik wil u niet meer zien.'

KOKA Wat zijn dat voor woorden!...

NADJA Het staat er. *(leest de adressering op de envelop)* 'Aan de heer N.L. Kreksjin, hotel Zeezicht, Sebastopol.' ... 'Nu heb ik nog slechts twee verzoeken aan u. Ten eerste, wilt u in geen geval Sanjetsja Sjpakovski beschuldigen — ik ben over uw avances en de daaruit voortvloeiende geschiedenis met haar broers ingelicht door Lucy zelf, die een verre verwante van mij is en mij hierover zelf een brief schreef, waarin ze me om raad vroeg. Mijn tweede verzoek bestaat hierin, dat ik graag al mijn brieven van u terug zou ontvangen. Omwille van onze vroegere verstandhouding, doet u dat. Laat dan tenminste in de vorm van die brieven in mijn huis het beeld bewaard blijven van mijn lieve Koka, die ooit op het idee kwam om 'vuurmannetje' te spelen, en ons paar — weet u nog? — was een hele avond lang door niemand uit elkaar te krijgen. En zie, nu hebben onze handen elkaar losgelaten... 'Haar ogen werden dof en staarden, maar ditmaal niet naar 't spel cerceau — weet u nog? — toen schikte zij haar blonde haren, en fluisterde zij zacht: 'Ziezo.'' Het is mij licht te moede. Vaarwel.'

KOKA Nee, nee!... Die heb ik nooit gekregen...

NADJA *(leest de ondertekening)* 'Jelizaveta Sjermanskaja. 21 augustus 1916.'

KOKA Nee, nee!... Die heb ik nooit gezien... Geef hier! *(rukt de brief uit Nadja's handen en leest hem snel door)* Nee, nee!... Wat is dit?... Dit kan niet!... Waar hebt u dit vandaan?...

PASJA Zal ik u eens wat zeggen, geachte Nikolaj Ljvovitsj — u bent hier niet zomaar. Nee, daar zit iets achter.

KOKA Die heb ik nooit gekregen... Ik zie hem voor het eerst... Gelooft u me niet?

NADJA Hij is geschreven.

KOKA Nooit!

NADJA Hij is verstuurd.

KOKA Doet u me dat niet aan!

VALJOESJA Die brief is niet verstuurd. Er staat geen stempel op. U kunt gerust zijn. Ze heeft hem niet gepost.

KOKA Nee, nee!... Zo is het niet gegaan... U moet me begrijpen... Het was een golf, een golf... een wervelwind... Ik was in Sebastopol... Het zeil klapperde... Toen kwam ik terug, Liza gedroeg zich kil, ze vroeg me niet meer in dit huis te komen... Maar dat duurde niet lang... Die hofmakerij... dat was zomaar... een soort grap... een weddenschap... dat was in de mode... dat waaide rond... wind, wind... zeewind... voerde me

mee... ik woei weg. Ik heb de brieven teruggegeven...
Lizanka vroeg erom, en ik gaf ze terug... Maar daarna... later kreeg ik vergiffenis, ze vergaf me, ze heeft me
vergeven... Gelooft u me niet?

PASJA U kunt gerust zijn. U wordt geloofd. Waarom
zouden we u niet mogen geloven?

KOKA Liza had karakter.

VALJOESJA *(tegen Petoesjok)* Je lijkt niet op je oudtante.

LARS De Sebastopol-wals — is dat gewoon een wals uit
Sebastopol?

VLADIMIR IVANOVITSJ Een Zweed hoort dat te weten.

PASJA Zullen we een spelletje doen, dames en heren?
Vuurmannetje?

NADJA *(klapt in haar handen)* Bravo, bravo! Dan mag Nikolaj Ljvovitsj het uitleggen.

KOKA Of u het gelooft of niet, ik heb het gevoeld, ik
voelde dat de natuur deze brief voor me in petto had,
er knaagde iets aan me, een onbegrijpelijk, zuigend soort
smart, toen al, in Sebastopol. Ongelooflijk — zij schreef
hier die brief en dat was genoeg om daar, honderden
wersten ver, bij mij een droevige snaar te doen trillen.

PETOESJOK Het hemelse cerceau heeft zich ten langen
leste...

VALJOESJA En net stond u nog te declameren over liefde
tot in het graf.

KOKA Ze heeft me vergeven, vergeven!

(Pauze)

PETOESJOK *(tegen Valjoesja)* Toch zou het onrechtvaar-
dig zijn als iemand ons zou verwijten dat we...

VALJOESJA Maar ons kan je ook niet kwalijk nemen dat
we liefhebben om samen te leven en niet om samen te
sterven. In onze tijd sterft men aan gebrek aan liefde,
niet aan een teveel.

PASJA Zoals de oude Lesnjevski zei: Alles is mogelijk,
maar niemand is volmaakt.

LARS Wie is dat, Lesnjevski?

VLADIMIR IVANOVITSJ Een Zweed hoort dat te weten!

KOKA Waarom een balalajka?... Waarom heb ik hem

aangenomen?...

(Pauze)

VLADIMIR IVANOVITSJ Ik ben vier jaar getrouwd geweest. Net op tijd de dans ontsprongen.

PETOESJOK Welke dans?

VLADIMIR IVANOVITSJ De jubilea. Koperen bruiloft, zilveren bruiloft... Ik ga liever gewoon dood.

VALJOESJA Ben je een vrouwenhater?

VLADIMIR IVANOVITSJ Een hater van mijn ex-vrouw, om het concreet te stellen.

KOKA Geeft u die brief nu maar aan mij! Ik moet hem toch eindelijk eens ontvangen. *(grist de brief uit Valjoesja's handen)* Een verrukkelijk handschrift... Jammer dat ze die oude 's' hebben afgeschaft.

NADJA Als kind dacht ik altijd dat het een 'f' was. Ik dacht, wat praatten die mensen vroeger gek: Chriftus is opgeftaan.

KOKA Zoals zij hem schreef was het een bijzonder pikante letter... Als ik haar brieven las was het alsof ik met iedere 's' een kus kreeg. *(Hij begint boven de tafel heen en weer te wiegen op de maat van de woorden)* 'Appeltje rolt om de moestuin heen, wie het pakt is nummer een, de zoon van de baas is de baas. Iet wiet waait weg!'

NADJA Bravo, bravo! Dat is vuurmannetje!

KOKA Alleen nog maar het aftelrijmpje, en dan...

NADJA Wat komt er dan?

KOKA Na het aftellen? Tijdens het spel? 'Brand maar vlammetje, helder vlammetje...'

(De anderen vallen meteen in: 'Brand maar, vlammetje...' Ze wiegen mee op de maat.)

Dan worden er paren gevormd, de vuurman staat voorop met zijn rug naar ze toe. De paren zeggen: 'Helder vlammetje, doof niet uit, kijk naar de hemel, vogeltje fluit, klokje luidt...' Het achterste paar rent naar voren en de vuurman probeert ze te pakken voordat ze weer bij elkaar zijn. Dat is alles.

VLADIMIR IVANOVITSJ Ik dacht dat je elkaar moest zoenen...

PETOESJOK Nee, dat is Flesjetrek.

KOKA Als we achteraan stonden zoenden we elkaar natuurlijk. Daarom beschermden we onze dames ook tegen de vuurman. 'Helder vlammetje, doof niet uit, kijk
naar de hemel...' De volwassenen deden het net zo, alleen met een ander rijmpje. *(tegen Nadja)* 'Hou je van
me?'

NADJA 'Ik hou van jou!'

KOKA 'Dan moet je me kopen!'

NADJA 'Dan koop ik jou!'

KOKA 'Koop me dan!...' Liza en ik waren niet te pakken. Ik leidde de vuurman altijd af — ik blijf eerst een
tijdje voor zijn neus heen en weer springen en storm dan
ineens naar voren, Liza is daar dan al en we pakken elkaars hand vast. Ja vuurman, je moet hem nog een keer
zijn! 'Vlammetje brandt...' — 'Voor wie?' — 'Voor jou,
mijn schoon lief maagdekijn!' — 'Hou je van me?'

NADJA 'Ik hou van jou!'

KOKA 'Dan moet je me kopen!'

NADJA 'Dan koop ik jou!'

KOKA 'Koop me dan!' — en ze rent weg... En ik probeer haar te pakken... Het lukt niet... Ik krijg haar niet
te pakken...

*(Hij kan zijn tranen niet bedwingen, bedekt zijn gezicht met
de brief en snikt het uit.*
Pauze)

VALJOESJA Nikolaj Ljvovitsj!... Nikolaj Ljvovitsj!...
Maak die oude man toch niet zo in de war.

(Lange pauze.
In die pauze begint de stem van Vladimir Ivanovitsj te klinken.
Hij leest een brief van hemzelf voor. Maar hij heeft geen papier
in zijn handen. Misschien hoort hij wel woorden, die hij hardop
herhaalt. De broze sfeer van het oude huis, het flakkeren van de
kaarsen, het ruisen van het gebladerte achter het raam, de gezwollen
retoriek van Koka's herinneringen...)

VLADIMIR IVANOVITSJ 'Lieve Nadjenka. Ik was zo
zwak u te vragen of ik u mocht schrijven, en u zo lichtzinnig of koket mij dat toe te staan. Uw komst in dit huis

heeft op mij een diepe, hartverscheurende indruk gemaakt. Deze dag is beslissend voor mijn verdere leven.
Hoe meer ik erover nadenk, des te meer raak ik ervan
overtuigd dat mijn bestaan onverbrekelijk met het uwe
verbonden is; ik ben geboren teneinde u lief te hebben
en u te volgen — al het andere dat ik nastreef is dwaling
of onbezonnenheid. Vroeg of laat — denkt u ook niet?
— zal ik alles moeten opgeven om aan uw voeten te kunnen vallen. Geliefde! Juweel! Goddelijk wezen!... En
ook: ach, weerzinwekkend schepsel! Weet dat ik al uw
macht aan den lijve ervaren heb, aan u dank ik mijn kennis van alle krampen en kwellingen van de roes der liefde en van alle verbijstering die zij teweeg brengt. Als
wij elkaar ooit weer zullen zien, belooft u mij dan... Nee,
ik wil uw beloften niet!... Nu bent u prachtig, even mooi
als tijdens de tocht hierheen of op de overloop, toen uw
vingers mijn voorhoofd beroerden. Die aanraking voel
ik nu nog: brutaal en vochtig. Maar u zult verwelken;
eens zal die schoonheid van u af vallen als een lawine
van een berghelling. Uw ziel zal nog enige tijd overeind
blijven temidden van zoveel bekoorlijkheden, maar dan
zal zij verdwijnen en misschien zal de mijne, haar ban-
ge slaaf, haar in de oneindige eeuwigheid nooit ontmoeten... Edoch, toen ik de pen ter hand nam, wilde ik u
om een gunst vragen — ik weet al niet meer welke —
o ja, om uw vriendschap... Een zeer, zeer banaal verzoek. Zoiets als een bedelaar die om brood vraagt —
maar het is nu eenmaal zo, dat uw nabijheid voor mij
onontbeerlijk is. Vaarwel, goddelijk wezen. Ik kronkel
aan uw voeten. Geheel de uwe, Vladimir Ivanovitsj.
Postscriptum. Temidden van mijn spijt en treurnis is het
enige dat mij aanlokt en tot leven wekt de gedachte dat
ik ooit een lapje grond zal bezitten... in de Krim — al
is dat nog maar de vraag. Dan zal ik bedevaarten kunnen houden, rond uw tuin zwerven, u ontmoeten, een
glimp van u opvangen... Vervloekt die komt en vervloekt
die gaat.'
VALJOESJA 'Mijn lief Haantje, Geliefde, onvergetelij-

ke Petjenka, mijn hand wil mij slechts met moeite ge-
hoorzamen bij het schrijven van deze regels. Vandaag
heb ik teruggedacht aan heel ons gezamenlijke leven, ja,
voor mij klinkt dat zo — ons leven, en het kwam mij
voor dat dat leven bestond uit louter wachten op tele-
foontjes van jou. Probeer me te begrijpen. Ik ben een
vrouw. En hoewel ik toen even oud was als Nadja nu,
was ik heel wel in staat mij de dag van vandaag voor
te stellen, waarop ik zo oud zou zijn als ik nu ben. En
ik zag niets goeds aan die dag. Weer zit ik bij de tele-
foon en weer ben jij ergens anders. Liefste, dat is on-
draaglijk! Ons leven is zo leeg en weerzinwekkend, het
is zo'n geluk bij een ongeluk als je iemand hebt om van
te houden — lieve schat, hoe kan een mens daar vrijwil-
lig afstand van doen? Ik weet niet wat jij gevoeld hebt
na ons laatste gesprek, maar ik voelde me als een kind
dat per ongeluk iets uit het raam van een rijdende trein
heeft laten vallen. De leegte van die kinderhand, waaruit zojuist... ja, wat? Wat is er gevallen? Het was er,
en het is er niet meer, je kunt het niet zien, niet terug-
halen, je kan niet meer terug — afgelopen! Over jouw
zachtheid: daarmee koop je alles af, jij gebruikt die zachtheid om de gaten van de door jou toegebrachte wonden
te dichten. O, je bent goed, zacht en dromerig. Dat is
zo. Ik zie je noch als krijger, noch als tsaar. Nu het belangrijkste. O, Pjotr, Pjotr, wat moet ik toch altijd aan
je denken, ik wend me als het ware fysiek in jouw richting — om hulp. Blijkbaar zijn wij zo weinig voor het
geluk geschapen, dat we het niet herkend hebben toen
het voor ons lag. Praat me niet meer van geluk, in
Christusnaam! Ik wilde je zo veel zeggen, maar het is
onmogelijk daarover te schrijven, en het zeggen is nog
onmogelijker. Veel geluk en sterkte. Valjoesja.
     (Pauze)
PASJA 'Beste Petja, Met deze brief wilde ik je eraan herinneren mijn vriend, dat ons maandag de plicht roept.
Ons gezamenlijk werk, waaraan wij nu al meer dan tien
jaar van ons leven gewijd hebben, dient voortgezet te

worden. Ons werkterrein is Rusland niet onverschillig, en de vervulling van onze taak eist buitengewone zorgvuldigheid en moed, alsmede een helder bewustzijn van onze bestemming, hoewel de resultaten van onze arbeid niet steeds samenvallen met het ideaal dat ons aanvankelijk voor ogen zweefde. Je schrijft, dat je somber bent, ontevreden met het werk jouwer handen, dat je lot afhangt van mensen die je niet hoogacht, van omstandigheden die je niet accepteert... Wat zal ik je daarop antwoorden... Misschien wel: laat ze de kolere krijgen! Dat wil zeggen, heb je wel eens geprobeerd, mijn beste, niet aan die mensen en omstandigheden te denken, ze uit je hoofd te zetten? Wat doen ze daar, in je hoofd? Laat ze oprotten, ja toch? 'Wat doen de huzaren met hun geld, ze gaan naar de kroeg en de hoe... fsmid.' Geestig, nietwaar? En dan wilde ik je nog vragen, mijn beste Petroesja, of je wel eens gedroomd hebt dat je in een huis kwam waar een feest was. Je bent nog niet eerder in dat huis geweest. Je loopt de eerste zaal door, en dan nog een paar. Alles is verlicht; soms is het dringen, soms heb je de ruimte. Je nadert de laatste kamer, daar is het stampvol etende en pratende mensen; ik ben er ook, ik zit in een hoekje naar iemand overgebogen te fluisteren... Een ongewoon aangenaam gevoel flitst door je heen of liever de herinnering aan een gevoel, je bent even terug van weggeweest; plotseling kom ik je uit die kamer tegemoet. Het eerste wat ik zeg is: Ben jij dat, Haantje? Wat ben je veranderd! Niet te herkennen. Ik trek je mee, ik neem je apart in een lange zijkamer, ik leg mijn hoofd tegen je wang, je wang begint te gloeien en — o wonder! — het kostte me moeite, ik moest me bukken om bij je gezicht te komen, en je was toch altijd een heel eind langer dan ik. Maar in dromen zijn de afmetingen vertekend, en dit is allemaal een droom, vergeet dat niet, een droom! Toen ging ik je langdurig zitten uithoren of je nog iets voor me geschreven had. Ik dwong je te bekennen dat je al lang geleden afgehaakt was, dat je je afzijdig hield, geen zin, geen inspiratie... 'Beloof me dat je weer gaat schrijven!' — 'Maar wat dan?' — 'Dat weet je best.' — 'Wanneer moet het klaar zijn?' — 'Uiterlijk over een jaar.' 'Afgesproken!' zeg je. 'Over een jaar, zweer je dat?' zeg ik. En jij zweert bevend een eed. Op dat moment spreekt een kleine man, die zich op geringe afstand van ons bevindt maar die jij over het hoofd gezien had, goed hoorbaar de volgende woorden: 'Luiheid richt ieder talent te gronde.' Ik draai me naar hem om en zeg: 'Kijk wie we hier hebben!...' Hij kijkt op, slaakt een kreet en vliegt je om de hals... Hij wurgt je in zijn vriendschappelijke omhelzing, hij wurgt je... Je wordt wakker. Je wilt weer inslapen, je wilt naar die vreselijke droom terug, maar dat kan je niet. Je gaat naar buiten om een frisse neus te halen. Wat een schitterende hemel! Nergens stralen de sterren zo helder als in deze doodse omgeving... Tenslotte gaat het harder waaien, een ijskoude nachtwind brengt je weer bij je positieven, je ontsteekt een kaars in je heiligdom, je gaat aan je tafel zitten en je belofte staat je levendig voor de geest: wat in je droom beloofd is zal wakend gestand gedaan worden. Zo is het toch, Petroesjka, zo is het toch?... Overigens verblijf ik je toegenegen dienaar — Pasja.

(Pauze)

PETOESJOK 'Beste vrienden, lieve kolonisten, Valjoesja, Nadja, Lars, Vladimir Ivanovitsj, Pasja en zeer geachte Nikolaj Ljvovitsj Kreksjin. Geleid door een geheimzinnig instinkt durf ik zo vrij te zijn u allen tegelijk en plechtig de vraag te stellen: acht u mij uw aandacht waard? Als u daarop ja zegt en het geheel met mij eens bent, staat u mij dan toe u mijn vrienden te noemen en de heilige plichten der vriendschap tot het einde toe aan u te vervullen. Ik van mijn kant heb vandaag van u een geschenk van onschatbare waarde gekregen: de dag van vandaag. Wat is er voor bijzonders aan deze dag? Deze dag is een heel gewone dag. Maar het zijn niet de zichtbare tekenen, niet het samen wandelen in de tuin, niet de montere kreten aan de vriendschappelijke feestdis die deze dag bijzonder maken. Neen, in ons samenzijn is een onzichtbaar teken verborgen, een aanwijzing te bespeuren, er tekenen zich duidelijk de lijnen van een hemels patroon in af. Als iemand mij twintig jaar geleden gevraagd had: 'Wat is het vaderland?' — dan had ik zonder aarzelen geantwoord: 'Dat zijn alle mensen van mijn land.' Als kind had ik de volgende voorstelling van geluk. In de vroege ochtendkoelte die voorafgaat aan een hete stadsmiddag verzamelen wij ons, gekleed in witte hemden en lichte zomerbroeken, op onze binnenplaats om in een optocht mee te lopen, op alle balkons staan mensen, zij staan daar om ons uit te wuiven, ons toe te zwaaien, en de hoge put op de binnenplaats gonst van de vreugdekreten die van boven naar beneden en van beneden naar boven zweven. Dan gaan we de straat op, de hete zon tegemoet, we gaan op in één grote stoet van mensen zoals wij. 'Zingend gaan wij voort...' Maar de jaren verstreken, en er waren steeds minder mensen om me heen... 'wij lopen door straten en lanen...' Ik ben nooit in het buitenland geweest, ik weet niet hoe de mensen daar leven. Voor mij gebeurt alles hier. Als je op een onbewoond eiland zit en er is niemand bij wie je langs kunt gaan, met wie je een praatje kunt maken of een hapje eten, dan is dat normaal, dat begrijpt een kind. Maar hier, waar je geboren bent, waar je woont... En na nog eens tien, twintig, dertig jaar, waar kunnen we dan nog terecht, in welk huis, bij welke mensen? Wie zal ons opnemen als zijn broeder, wie zal onze wonden wassen, wie zal ons bijstaan in onze zielenood? We hebben er nooit over nagedacht. Of we dachten: er zal altijd wel een huis zijn dat ons opneemt, een dak dat ons beschermt tegen slecht weer... Het vaderland, dat was voor ons een een-mei-optocht, een collectieve rondvaart over de Moskva, een veelkoppige koorrepetitie in het stadion... Mijn beste kolonisten! Mijn lieve vrienden! Door vreugdetranen heen zie ik u aan, en met bitterheid werp ik een blik in mijn eigen ziel. Wie hebben wij nog over, behalve onszelf? Wij hebben alleen nog maar onszelf. En hier zitten we dan, een handjevol mensen onder één dak... Misschien is dit dan nu ons vaderland? Het toeval heeft ons bijeen gebracht, het ogenblik heeft ons naast elkaar gezet — en als dat nu eens geen toeval is en geen ogenblik, maar het lot?... Vastklampen moeten wij ons aan de rand dezer tafel en vasthouden tot ons het bloed onder de nagels uit komt, vasthouden en niet loslaten! En dan, als we ons lang genoeg samen hebben vastgehouden, als we de rand dezer tafel zonder vrees kunnen loslaten, als onze handen de ronde beker met bloedrode wijn doorgeven en ieder hem naar de lippen brengt — dan zullen wij door deze muren heen de muziek der hemelse sferen horen en zullen sterren aan ons verschijnen door het dak van dit huis. Ik wil mijn brief aan u niet besluiten met het woord 'vaarwel', zelfs 'tot ziens' komt niet in aanmerking — er is geen sprake van een afscheid! Geheel de uwe, Petoesjok.'

(Pauze)

(Avond. Aan de tafel die gedekt is met een wit tafellaken zitten eenzame figuren. De kaarsen branden. Ergens in de verte klinkt een explosie. Een stem: 'Een kardinaal had eens een nichtje, een markiezin, gracieus en rond, zij hield van 't spel cerceau, het wichtje, en speelde 't liefst met de vicomte...'
Petoesjok pakt een in vieren gevouwen papier uit zijn zak, vouwt het open en begint nog een brief voor te lezen.)

PETOESJOK 'Lieve vrienden, beste kolonisten, Ik schrijf jullie omdat ik geen ander adres heb om naar te schrijven. En ik weet niet eens of jullie mijn schrijven wel zullen ontvangen. Waar kan een mens nog zeker van zijn in een tijd als deze? Hoe ik hier terecht gekomen ben vind ik moeilijk uit te leggen. Ik kom nu eenmaal altijd in onverkwikkelijke toestanden terecht. Dit zal waarschijnlijk de laatste zijn. Deze oorlog is een oorlog van eenzamen. Iedereen op de berghelling zit in zijn eentje in een diep betonnen hol. En om de zoveel tijd, als onze helicoptères en vliegmachines het vijandelijk vuur naar het dal terugdringen, springen we eruit en rennen we naar het volgende hol, waar zojuist nog een ineengedoken man zat van wie geen spoor meer te bekennen is, zelfs geen peuk, want in deze hel vergaat je de lust tot roken. En het is absurd en griezelig in dit onchristelijke land onze liefdezusters te zien, de helderrode kruisen op hun gesteven kapjes, die op onbegrijpelijke wijze hun maagdelijke vooroorlogse witheid weten te behouden. En ook kan ik niet wennen aan de bomen hier, die door deze oorlog, door de gifgassen en explosies, krankzinnig geworden zijn. Ze zijn al hun natuurlijke instinkten kwijt en ze bloeien en verliezen hun bladeren een paar keer per dag. En daarom lijkt het of ik hier al ik weet niet hoeveel jaar ben en ik ben heel oud geworden en ik ga maar niet dood, hoewel het zo eenvoudig is dat te doen... Maar jullie moeten geen verdriet om me hebben. Hier, in deze oorlog, ben je in één keer weg, als een lucifer waarmee het gas wordt aangestoken. En als mijn beurt komt, als ik in de fik ga — misschien zal dan bij jullie in de keuken vanzelf het gas aangaan. Zet daar dan een theeketel op en drink een kopje thee. En laat het allemaal net zo zijn als toen, op die heilige avond — Nadja heeft de jurk van mijn oudtante aan en Nikolaj Ljvovitsj zet zijn sjieke hoed op, zijn Europese model. En vergeet de kaarsen niet, ik geloof dat we die toen ook hadden — ja, er moeten beslist kaarsen bij! Want na ontvangst moeten jullie deze brief, die ik nu, ineengedoken in mijn betonnen hol, beëindig, verbranden! Verbranden, verbranden!'

(Petoesjok houdt de brief in de vlam van een kaars zodat hij vlam vat, gooit hem op een schaal die op tafel staat en rent weg. De brief brandt op en dooft dan uit.)

KOKA *(fluit als een straatrover)* Ik speelde miserabel cerceau. Ik stond altijd verkeerd met dat stokje te prikken. Maar er kwam hier een keer een student... wiens naam ik me niet meer kan herinneren... afijn, die student, die was niet te verslaan. Die gooide met effect of zo, heel handig in elk geval, de ring was met geen mogelijkheid te vangen.

LARS *(tegen de kolonisten)* Let vooral niet op mij, ik geef wel een teken.

KOKA Ik heb er nu spijt van... En zelf ving hij als de beste! Waar je de ring ook gooide, hij kreeg hem altijd te pakken.

VLADIMIR IVANOVITSJ Cerceau — is dat iets Frans? *(staat van tafel op)*

VALJOESJA Iets met een ring...

KOKA Alleen bij Liza gooide hij zo, dat de ring vanzelf om haar stokje viel. Zo'n duivel!... En wij moesten het hele veld over rennen en nog prikten we mis. *(fluit)*

(In de tussentijd verplaatst Lars de kandelaars, in een ervan verwisselt hij de kaarsen. De witte enveloppen vliegen door de lucht, het tafelkleed ook... Kortom, Lars verricht een grote hoeveelheid manipulaties, hij treft een soort vreemde voorbereidingen waarvan het doel niet duidelijk is. Maar niemand doet ook eigenlijk moeite er iets van te begrijpen.)

Maar ik was niet voor één gat gevangen! Op een avond stelde hij hier in de tuin voor om cerceau te spelen... hij wilde altijd cerceau spelen, hij vond onze spelletjes niet leuk...

PETOESJOK Vladimir Ivanovitsj, kijk eens naar de lucht, de vogeltjes trekken...

LARS Mag ik deze kandelaar hier neerzetten en vanaf dit punt ongeveer viereneenhalve lilliputterpas afmeten?

NADJA 'Ringetje, ringetje, kom naar me toe!...'

PASJA Nee, dat is een ander spelletje.

PETOESJOK Wie gaat er mee het cerceau zoeken?... *(Af)*

KOKA Toen gingen ze het cerceau zoeken, maar het was nergens te vinden. Dan maar vuurmannetje. Daar was ik beter in dan wie ook. Meneer de student verveelde zich, hij vond er niets aan, en hij verdween. Geen wonder dat hij verdween, want het lukte die avond niemand om Lizanka en mij uit elkaar te krijgen. En het cerceau — fwiet! Had ik op zolder verstopt. Begrijpt u wel? Hokus-pokus!...

LARS Ik moet me even verkleden. Ik ga iets nieuws aantrekken. Even die oude rommel uitdoen. *(tegen Valjoesja)*

En wat doe jij? *(Af)*

VALJOESJA Wij halen u wel in...

KOKA Natuurlijk, natuurlijk. U vindt het vast een leuk spel!... Kom, we doen het! Jullie vinden het vast allemaal leuk! Wat is dat lang geleden... En dan nog onder die student z'n neus. Ik bracht Lizanka's schoudermanteltje naar binnen, en die ring en die stokjes — fwiet! — onder dat manteltje, praktisch onder de ogen van onze held. Hij staat met Lizanka te praten, zij begint te blozen...

NADJA Wat een welbestede avond gaat dit worden!

KOKA ... daarom vroeg ze me ook haar manteltje naar binnen te brengen, nou, ik — fwiet! — het cerceau onder dat manteltje en naar zolder, en daar verstop ik het onder een dakspant. Toen weer terug alsof er niets aan de hand was. Waar is het cerceau? Waar is het cerceau? — Ach, het is weg! — Net was het er nog... Spoorloos verdwenen! Nou ja, dan niet, dan doen we toch vuurmannetje!

NADJA Oh, ik kan niet hard lopen in deze jurk! *(rent weg)*
(Fel licht. Lars op. Bij wijze van broek draagt hij iets zeer wijds en luchtigs, dat bestaat uit zachtrose nylon lapjes die op veren lijken. Kortom, Lars ziet eruit als een clown. Geen circusclown, maar eerder een uit een duur variété. Men staat perplex. Degenen die al op weg naar boven zijn blijven op de trap staan. Alleen Koka blijft onverstoorbaar aan tafel zitten. In de ene houdt hij een rood wijnglas, in de andere de schaal met vruchten.)

LARS Ik had beloofd dat ik een nummer van mijn grootvader zou demonstreren. Ik geloof dat het nu een goed moment is. Nikolaj Ljvovitsj, deze trompet... *(Hij springt op de tafel en haalt een trompet van onder zijn oksel tevoorschijn)* en alles wat ik ermee kan doen — daaruit bestaat nu de erfenis van mijn voorvader. Het begin begint! 'Dit was Van Grap tot Lach, de vrolijke clown. Hi-hi-hi, bo-bo-bo, kè-kè-kè!'

(Lars speelt een kort scènetje; met veel poeha en gekke bekken drukt hij verbazing en schrik uit en dan meteen weer uitbundi-

ge pret, maar hij zorgt ervoor dat het sierlijk blijft. Hij doet of hij met een onzichtbare medespeler praat, of liever, een medespeelster, die zich achter hem bevindt.)

— Kindje, hoe gaat het met je?

— Laat me met rust.

— Bah, wat ben je grof!

— Rot op.

— Wat!... Je bent artieste, dit is je kans.

— Ik ben niet in vorm.

— Stel je nou niet aan, kindje. Kijk, ze zitten te wachten. Je bent toch een verstandig meisje.

— Je kan m'n rug op.

— Aj-aj-aj, wat zeg je me daar nu!...

— Wat je gehoord hebt. Je hebt toch wel oren?

— Ik heb jou, mijn betoverend wezentje!

— Hò-hò-hò.

— Nou, ben je klaar?

— Ik heb geen stem vandaag.

— Je hebt altijd een verrukkelijk stemmetje. Wees nou eens lief.

— Vooruit dan maar, wat wou je doen?

— Hetzelfde.

— Vooruit maar.

— Ik ga over op Engels. Fly, window, fly!...'

(Sierlijk beweegt Lars zich over de tafel op zoek naar de juiste plek voor zijn meestertruc. Als hij die gevonden heeft, brengt hij de trompet naar zijn lippen... Een schelle trompetstoot — en de brandende kaars, die een meter of drie verder achter Lars op de tafel staat, dooft.

Diepe duisternis.)

VLADIMIR IVANOVITSJ Wat is dat? Wat gebeurt er?

NADJA Ik ben bang!

LARS Dat hoeft niet, alles is hier schoon.

KOKA Waarom is de kaars uit?

LARS Dat is nu juist de kunst!

PETOESJOK Mooie kunst, je zou je nek nog breken in dat donker...

LARS Ik had beloofd dat ik een demonstratie zou geven.

78

VALJOESJA Je ziet verdomme geen moer!
VLADIMIR IVANOVITSJ Waar is die broek van gemaakt? Van veren?
LARS Ik heb hem al uitgetrokken. Het licht kan weer aan.
PETOESJOK Ik heb een zaklantaarn.
NADJA Ai!
   (Fel licht. Applaus. Lars maakt een elegante buiging.)
NADJA Maar waar...? Hoe doet u dat?
LARS Dat is nu juist dè kunst. De voorstelling is afgelopen.
ALLEN Bravo! Bis!
   (Koka, die al die tijd aan tafel is blijven zitten, staat op.)
KOKA Als u mij toestaat... zou ik ook... willen optreden.
VALJOESJA O, de voorstelling is nog niet afgelopen!
ALLEN Ja, doen! Alstublieft!
KOKA Het is een lied... het betekent erg veel voor me... Van Listov. Mag ik?

DE SEBASTOPOL-WALS

Een golfje ruist zacht
En de lente lacht,
En de hemel is weer zo hoog,
En de bloemen een lust voor het oog,
En een golf beukt de ree
Van de Zwarte Zee.

O Sebastopol-Wals,
Gouden tijd van weleer
O, die lichtjes van schepen op de ree...
O, die avonden aan zee...
Elke zeeman kent de Sebastopol-wals.
Nooit vergeet ik u meer,
Gouden tijd van weleer.

Nu ben ik dan weer
In Sebastopol terug.

De kastanjes bloeien net als vorig jaar.
O, mijn stad! 'k Ben weer thuis,
'k Hoor het bladergeruis
Van de bomen op de boulevard.

> *(Koka, die met zijn hoed op aan tafel zit, zingt geconcentreerd en met luider stem de Sebastopol-wals uit de gelijknamige operette. Aan het eind van het lied wordt zijn stem gesmoord door snikken. Vladimir Ivanovitsj en Valjoesja gaan de trap op, bij de deur naar de zolder blijven zij staan. Pasja loopt naar buiten om een sigaret te roken.)*

VLADIMIR IVANOVITSJ Waarom blijf je nou staan?

VALJOESJA Ik ben ineens zo moe, Vladimir Ivanovitsj... al die mensen de hele tijd om me heen... Begrijp je?

VLADIMIR IVANOVITSJ Ben ik je dan nu niet te veel?

VALJOESJA Ik ben blij dat hier een jonge man als jij staat, naast een oude vrouw als ik.

VLADIMIR IVANOVITSJ Je bent niet oud.

VALJOESJA We zijn leeftijdgenoten.

VLADIMIR IVANOVITSJ Ik heb een mooi gevoel voor je.

VALJOESJA Oei, een vlindertje.

VLADIMIR IVANOVITSJ Bevlinderde vingers...

VALJOESJA Ik hoop dat hij dat cerceau goed verstopt heeft, dan hebben we nog tijd... *(over de sjaal die ze om heeft)* Kijk, wat een mooie sjaal ik voor mezelf gebreid heb. Je mag hem hebben. Nu ben je interessant voor de jonge meisjes.

VLADIMIR IVANOVITSJ Ik ga hem uithalen.

VALJOESJA Je hoeft je voor mij niet op te offeren. Ik brei hem gewoon weer opnieuw.

VLADIMIR IVANOVITSJ En ik haal hem weer uit.

VALJOESJA En ik brei er weer een.

VLADIMIR IVANOVITSJ En dan ik weer.

VALJOESJA En dan ik weer... En dan worden we oud. Hou er rekening mee dat ik eerder oud word.

VLADIMIR IVANOVITSJ Ik haal je wel in.

VALJOESJA Ik wacht wel op je bij de zolderdeur. Wat een ritme, het lijkt wel een gedicht!... Mooi hè?...

VLADIMIR IVANOVITSJ Ja, heel mooi. *(opgewonden)* En zij zagen het huis, en het was goed, en velen van hen bestegen de trap, en bij de zolderdeur hielden zij stil. Ook niet slecht, wat?

VALJOESJA Nee, heel mooi. En dan nemen we elkaar bij de hand en betreden dapper de duisternis.

(Zij nemen elkaar bij de hand, voor hen gaat, geheimzinnig knarsend, de zolderdeur vanzelf open, ze stappen over de drempel. De deur gaat langzaam dicht. Pasja komt weer binnen.)

KOKA *(laat een oude foto zien)* Kijk... dit zal u interesseren. U bent een sportsman, ik ben ook een sportsman. Kijkt u maar, witte broek, Engels tennisracket...

PASJA Zal ik u eens wat zeggen, geachte Nikolaj Ljvovitsj?

KOKA Lawn-tennis...

PASJA U bent hier niet zomaar.

KOKA Wij noemden het lawn-tennis...

PASJA Nee, u bent hier niet zomaar. U durft uw jasje niet uit te doen.

KOKA Ik ben oud. Ik heb koud bloed.

PASJA Wat hebt u in uw binnenzak?

KOKA Ik?

PASJA Ja.

KOKA Slaat u niet zo'n toon tegen me aan, jongeman!

PASJA Ik weet alles.

KOKA Er zit niets in.

PASJA Ik heb aan telepathie gedaan, waarde heer.

KOKA Ik kwam hier zomaar een bezoekje brengen.

PASJA Laat u maar. Het was een grapje. Weest u maar niet bang.

KOKA Even een bezoekje brengen aan de penaten.

PASJA Ik heb helemaal geen telepathische gaven.

KOKA Ik ken deze plek zo goed.

PASJA Rustig nou maar.

KOKA U hebt het recht niet!...

PASJA Diep ademhalen. Een eindje lopen.

KOKA Hoe durft u!...

PASJA Wat een buitengewoon weer, is het niet?

KOKA *(na een korte pauze)* Nee, ik ben hier niet zomaar.
PASJA Diep ademhalen, diep ademhalen.
KOKA U wilt weten wat er in mijn zak zit?
PASJA Ik loop en ik haal adem.
KOKA U bent hier de meest serieuze.
PASJA Ik zei toch dat het een grapje was.
KOKA Ik heb raad nodig.

*(Koka pakt een krant uit zijn binnenzak en vouwt hem open.
Er zit een geel papier tussen. De deur naar de veranda vliegt
open. Drie operettezangers in jacquet met corsages in het knoops-
gat zingen, begeleid door de piano, een frivool liedje.)*

WANT DAT VINDT ELKE JONGEN TOCH PRACHTIG

Als wij over liefde horen, is dat niet voor kinderoren,
Maar wild is ons bloed, en de hartstocht woedt.
Onze ziel smacht naar de vrouwen,
Soms zijn we niet meer te houden,
En dan zingt ons hart de ganse nacht.
Vol verrukking is 't gemoed, o wat zijn die dromen
    zoet.

KOKA Wilt u weten wat dit is? Een trouwakte. Het hu-
welijk tussen Jelizaveta Michajlovna Sjermanskaja en Ni-
kolaj Ljvovitsj Kreksjin. Ingeschreven 17 mei 1924.
Stempel van het gemeentehuis.
PASJA *(na een pauze)* Gefeliciteerd.
KOKA We hebben acht dagen samengeleefd.
PASJA Een hele klus.
KOKA Van zeventien tot vijfentwintig mei.
PASJA *(bekijkt het document)* De bruid verkoos haar meis-
jesnaam te behouden.
KOKA En nu woon ik in Brjansk.
PASJA Gelijk had ze. Een mooie naam, Sjermanskaja.
KOKA Met mijn kleindochter.
PASJA Uw kleindochter?
KOKA Het dochtertje van mijn pleegdochter. Dat was
later pas.

PASJA Er moet een plakbandje op... Hier, ziet u wel.
KOKA Ik heb hem altijd in die krant bewaard. Hij is toch niet ongeldig?
PASJA *(steekt Koka het document toe)* U mag hem weer verstoppen. In uw jasje. Nee, hij is volkomen in orde.
KOKA De krant zat in m'n hoed, de hoed in de doos, de doos lag op de chiffonnière, de chiffonnière staat in mijn woning en mijn woning is in Brjansk... Weet u wel wat Brjansk voor een stad is, jongeman? *(beiden lachen)*
PASJA Je zou niet zeggen dat u al zo oud bent.

Want dat vindt elke jongen toch prachtig
Nee, we kunnen niet zonder bestaan:
We besterven het bij de gedachte
Zonder vrouw door het leven te gaan.
Want dat vindt elke jongen toch prachtig,
Van jong broekje tot degelijk heer,
Er bestaat voor ons slechts één gedachte:
Krijg ik spoedig dat wat ik begeer?

Heel ons hart hoort aan de vrouwen,
Want die zijn om van te houden.
In het nacht'lijk uur brandt het liefdesvuur.
En ons bloed gaat sneller stromen, de vervulling
    onzer dromen
Is voor ons het enige dat telt:
In de hartstocht óm te komen, in dat vuur dat ons
    versmelt.

KOKA Vroeger stond daarbinnen, in een knus hoekje op de bovenste plank, een karafje wodka. En wij jongens plachten ons een voor een in die kamer af te zonderen om een glaasje te nemen. Om ons moed in te drinken. Huzaren. We zorgden zelf dat er wat stond en vervolgens gingen we er stiekem in ons eentje van zitten drinken.
PASJA U kunt hem het recht nog betwisten. Juridisch bent u de eerste erfgenaam. Dat wint u altijd.
    (Pauze. De operettezangers zijn verdwenen.)

KOKA In vierentwintig zat ik aan het andere eind van de wereld, in Irkoetsk, ik was daar commandant van een gemeenschapshuis. Het was zondag, ik was iets later wakker geworden dan anders en lag op mijn brits naar de blauwe lucht te kijken. Het begon net lente te worden. Ik was wakker geworden met een merkwaardig licht gevoel, ik begreep niet waarom. Toen hoorde ik: 'Ko-ko-ko...' — de kippen die buiten rondliepen. 'Ko-ko-ko...ka.' Ik had 'Ko-ka' horen zeggen. En plotseling besefte ik dat ik Koka was. En ik jakkerde het hele land door hiernaartoe. U zult het niet geloven, maar ik liet alles en iedereen barsten en ging er vandoor. Hier was het al volop zomer. Zij stond in de moestuin te spitten, op het erf liepen een paar kippen — 'Ko-ko-ko... ka...' Daarna dronken we thee met jam. Ze had een klein potje aardbeienjam die met honing gekookt was. Het was heel stil. Er viel een lepeltje op de grond. Ik dacht dat het huis instortte.

PASJA Aardbeien met honing... Pikant.

KOKA De volgende ochtend trouwden we op het gemeentehuis. We hebben een week en één godganse dag samengeleefd. Dat is moeilijk uit te leggen.

PASJA Ik begrijp het.

KOKA Het leven, jongeman, geeft ons voortdurend kruiswoordraadsels op, tegen de tijd dat je die allemaal hebt opgelost ben je tientallen jaren verder. Ik moest weer naar Irkoetsk, ik zou in de herfst hier terugkomen en dan voorgoed. En ik jakkerde weer door het hele land naar het andere eind van de wereld. En daar, in juli, in de hitte, is me zoiets doms overkomen — ik was genoodzaakt een vrouw van de dood te redden. *(met een zuidelijk accent)* Dat deed ik door in gezinsverband met haar te gaan samenwonen. Nou ja, ze is later evengoed doodgegaan. Aan dysenterie... Maar in dit huis ben ik niet meer terug geweest. Die andere had me haar dochtertje nagelaten, daar had ik de verantwoordelijkheid voor...

PASJA Een kruiswoordraadsel.

KOKA Vindt u me een slecht mens?

PASJA Nee.

KOKA Ik vond u meteen anders dan die andere jongeren.

PASJA Uw levensgeschiedenis interesseert me.

KOKA Geschiedenis?

PASJA De geschiedenis van uw leven.

KOKA Dank u wel.

PASJA Waarvoor?

KOKA Dat u mijn leven een geschiedenis noemt. Ik zou het zo niet noemen... Het waren allemaal maar flarden. Eerst was het fijn kantwerk... en toen ging dat aan flarden... Hier speelden we cerceau en vuurmannetje... Gymnasiasten in linnen uniformpjes. Lawn-tennis. En toen was het afgelopen met de spelletjes, toen begon het nieuwe leven. Ik kon niets, maar ik pakte alles aan... Ik heb op kantoren gewerkt, en een keer op een bank... In een blaasorkest gespeeld... Mijn vader had me ooit een beetje op een waldhoorn leren toeteren, en mijn kennis bleek toereikend om marsen te spelen bij optochten. Koperblazen was toen in de mode... Daarna in Siberië, commandant van een gemeenschapshuis. Daarvan was u reeds op de hoogte. In Toerkestan de spoorlijn helpen aanleggen. Niet aan het front geweest, afgekeurd. Op stations gewerkt als evacuatieambtenaar, papieren in orde maken. Toen op een school voor spoorwegpersoneel, gereedschap uitdelen... Nu woon ik met mijn kleindochter in Brjansk. *(zuidelijk accent)* Met haar moeder hebben we geen contact, die woont in het Verre Oosten. Geen enkel contact. Ze is getrouwd met een militair, een officier. En wij wonen in Brjansk. We schrijven elkaar niet eens. Oud zeer. Indertijd heeft ze mij met haar kind laten zitten. Om nu de ouderband nog eens te herstellen... daar is het te laat voor.

(Pauze. Pasja bekijkt de prentbriefkaarten die op tafel liggen.) Het leven heeft mij altijd alternatieven toegeworpen. Ik koos ze niet, die alternatieven, ik was altijd zelf een alternatief. Een vrouw die niet van mij was, een dochter

die niet van mij is, een kleindochter die niet van mij is, een achterkleindochter... ook niet van mij. Flarden, meneer. En u noemt dat een geschiedenis.

PASJA U hebt geleden, en waar geleden wordt, is geschiedenis.

KOKA We hebben maar één kamer. Mijn kleindochter moet binnenkort bevallen.

PASJA Dan bent u dus met zijn vieren?

KOKA Alleen als ze een tweeling produceert. Tegenwoordig kan het de meisjes niet schelen als hun kind geen vader heeft.

PASJA Het instituut huwelijk verkeert in een crisis.

KOKA Het is gewoon anders gelopen...

(Pauze)

PASJA U moet er wel rekening mee houden dat uw achterkleinzoon of wat het ook wordt, niet zo zal willen leven als u. Dat wordt een nieuw soort Koka. Hij zal u gaan haten.

KOKA Waarom?

PASJA Om zijn oncomfortabele jeugd.

KOKA Ik zal hem vertellen hoe het gegaan is, dan begrijpt hij het wel... De jonge mensen van tegenwoordig zijn erg teer, heb ik gemerkt... Zijn overgrootvader heeft zich staande gehouden. Dat zal hij waarderen!...

PASJA Waarderen? Dat tere achterkleinzoontje van u zit zijn huiswerk te maken, en aan de andere kant van de tafel staat zijn moeder opa's onderbroeken te strijken, ze sproeit er water op uit haar mond en de jongen krijgt ook een paar druppeltjes op zijn gezicht... Een afschuwelijke gewaarwording, moet ik zeggen. En dat moet maken dat hij van u gaat houden?

KOKA 'Jij verlangde altijd naar de vlammen...'

PASJA Precies, u had geen Blok moeten lezen!

KOKA Ik ben bang voor u.

PASJA Als u ergens bang voor moet zijn, waarde heer, dan is het voor uzelf. U had uw hele leven met een prachtige vrouw in een prachtig huis kunnen wonen. U had uw hele leven rustig cerceau kunnen spelen.

Koka Ja, ik heb er niet veel van terecht gebracht.

Pasja Moet u luisteren, ik had een afschuwelijke jeugd, qua omstandigheden... Wat heeft een mens daaraan?

Koka Het zijn toch ook je reinste kinderen... Nou zijn ze het cerceau aan het zoeken...

Pasja Soms krijg ik ineens een koud achterhoofd... hier... en jeuk tussen mijn vingers. Die kou wens ik uw kleinzoon, of wat het ook wordt, niet toe. Dan kunt u beter eens een keer zondigen zodat hij met een schone lei kan beginnen. Zonder die stomme communetoestanden.

(Pasja pakt een oud tijdschrift van de tafel en bladert erin.)
Koka Een tennistoernooi. Ik werd vierde. Er stond een foto van me in de tenniskrant.

Pasja Die gaan hier niet wonen.

Koka Waarom niet?

Pasja Let op mijn woorden. Hebt u gezien hoe Petoesjok het huis uit loopt? Net of hij steeds een duw in zijn rug krijgt. En dat komt niet van de tocht. Nee, die spelen gewoon een spelletje cerceau en dan gaan ze weer weg, en naar het huis kijkt niemand meer om. Arm huis.

(Pauze)
Koka 's Avonds komt ze thuis en dan gaat ze breien. Ik lees, en zij breit. We hebben televisie, maar we kijken niet. Ze heeft haast geen vriendinnen, laat staan vrienden. Op een keer vraag ik: 'Schatje, wie was het?' Zegt zij: 'Meneer Kreksjin, wilt u me niet liever wat voorlezen?' Ik word alweer een alternatief.

Pasja Ik was ook bijna een keer getrouwd. Ik werd ervoor behoed door een neusgat. Ik word een keer wakker, ik kijk van opzij naar mijn aanstaande en zie dat haar neusgat me niet bevalt. Wat was dat een afschuwelijk neusgat, zeg! En daar ademde ze mee. We hebben elkaar niet meer gezien. *(korte pauze)* Wat wilt u met dit huis?

Koka Daar, op de schoorsteen, stond vroeger een windwijzer in de vorm van een ruitertje met sabeltjes. In iedere hand een sabeltje.

PASJA Ik heb een voorstel. Als u het huis eens aan mij verkocht.

KOKA Op winderige dagen draaiden die sabeltjes rond als een propeller.

PASJA Als uw achterkleinzoon geboren wordt, wordt het krap in die ene kamer.

KOKA De dokters zeggen dat het een meisje wordt.

PASJA Twee mensen zitten om iets verlegen, ik om een huis en u om geld. Laten we dit snel afhandelen. Van de vlotte.

(Nadja komt aanrennen met een ring in haar hand.)

NADJA Die lag vredig onder de zesde dakspant. *(legt de ring op de tafel en rent weer weg)*

KOKA Ik ben verloren.

(Het is nacht geworden. Op de veranda zijn in het maanlicht de kolonisten verschenen. Ze hebben het cerceau-spel bij zich.)

KOKA Wat is dat lang geleden... Revoluties, oorlogen... en die houtjes zijn nog heel. Hele steden zijn van de aarde weggevaagd, en die dingetjes zijn er nog... Waarom?

(Pauze)

Het is benauwd.

PASJA Nu kunt u best uw jasje uitdoen.

KOKA Op het consultatiebureau zeiden ze dat het een meisje zou worden. Maar hoe kunnen ze nou weten wat er nu in zit!...

PASJA Een windwijzer in de vorm van een ruitertje... Slim. Dat valt wel na te maken.

KOKA Wat geurden hier 's avonds de nachtschonen!

PASJA Waar zei u ook weer dat het bloembed was?

KOKA Jongeman, ik ga akkoord.

(De kolonisten zijn al in de tuin. Elk van hen heeft een stokje in de hand — een attribuut van het spel.

Hun bewegende figuren beschrijven grillige patronen tussen Pasja en Koka, die onbeweeglijk blijven staan.)

CERCEAU

Een kardinaal had eens een nichtje,
een markiezin, gracieus en rond.

Zij hield van 't spel cerceau, het wichtje
en speelde 't liefst met de vicomte.

En in de oude appelgaarde
vermeiden zij zich, lijf aan lijf
tot op een dag hen de eerwaarde
betrapte bij dit tijdverdrijf.

Haar ogen werden dof en staarden
nog even naar het spel cerceau.
Toen schikte zij haar blonde haren
en fluisterde zij zacht: 'Ziezo.'

De tijd verstreek. Plots traden rotten
soldaten aan; met veel kabaal
en kogels togen sansculotten
naar het historisch tribunaal.

Voordat de guillotine ging vallen
pakte de beul een zak voor haar
waarin haar hoofdje neer zou vallen
en vroeg eerbiedig: 'Bent u klaar?'

Haar ogen werden dof en staarden —
maar ditmaal niet naar 't spel cerceau
Toen schikte zij haar blonde haren
en fluisterde zij zacht: 'Ziezo.'

(Het spel begint. Heen en weer geren. Kreten. Gilletjes van de vrouwen. Plotseling steekt Pasja zijn hand op en de ring laat zich gehoorzaam langs zijn gestrekte arm zakken.)
PASJA Nikolaj Ljvovitsj, u wilde iets zeggen.
KOKA Ja, ik had iets te zeggen... of liever, te laten zien... aan te tonen! Eigenlijk is het zo, dat... Kortom dit.
(Koka pakt het in vieren gevouwen gele papier en vouwt het open.)
NADJA Wat is dat?
KOKA Ik was getrouwd met Jelizaveta Michajlovna. Dit is de trouwakte. Met een stempel van het gemeentehuis. Een rechtsgeldig document.

(Pauze)

PETOESJOK Daaruit volgt dat u echt mijn oudoom bent.

PASJA Nee, Haantje, daar volgt iets heel anders uit. Nikolaj Ljvovitsj Kreksjin is de eerste erfgenaam, dit huis is van hem.

PETOESJOK Het huis is van ons allemaal. Ga uw gang.

PASJA Het perceel wordt verkocht.

VLADIMIR IVANOVITSJ Aan wie?

PASJA Aan mij.

PETOESJOK Aan jou? *(tegen Koka)* Is dat waar?

KOKA Wat is dat lang geleden… Revoluties, branden, oorlogen… Hele steden werden van de aarde weggevaagd… en kijk, die houtjes zijn nog heel… Waarom?

VALJOESJA Haantje, je hebt verloren met cerceau.

DOEK

Ochtend. De tuin. Mist. Regenachtig.
In verschillende delen van de tuin lopen mensen rond te dwa-
len. Iedereen behalve Koka.
Petoesjok en Lars zitten in tuinstoelen aan weerskanten van het
huis. Petoesjok heeft een boek in zijn handen.

PETOESJOK *(leest)* 'Twaalf paviljoenen telt de Jaden stad
en in een daarvan, het Jaden Paviljoen, vinden de ten
hemel verheven dichters hun woonstee. Dit paviljoen,
een juweel van bouwkunst, biedt een schitterend uitzicht:
van de westzijde op het Paleis der Kennis, en van de oost-
zijde op het Paleis van Ruimte en Kou, en waarheen men
ook kijkt, de blik wordt gestreeld door de volkomenheid
in vorm en kleur van ranke prieeltjes en vele verdiepin-
gen tellende torens. Op een dag gaf de Jaden Heer bevel het paviljoen te versieren en hij richtte er een feest-
maal aan voor zijn onderdanen. Hemelse muziek weer-
klonk; het wemelde van de kleurrijke gewaden der he-
melbewoners. De keizer vulde een beker van edelsteen
met hemelse wijn; deze eregift bracht hij de Grote Dichter en hij vroeg hem een vers te dichten over het Jaden
Paviljoen. De dichter boog eerbiedig, en zonder zijn pen-
seel van het papier te nemen schreef hij:
    Wanneer het parelt van dauw
    En goud glanst de amb'ren ahorn...
LARS *(houdt een 'Thomas Cook'-reisgids in zijn handen en bladert in het volumineuze boekwerk)*: 'Route K-1: San Sebastiàn
— Bilbao — Madrid, op even dagen behalve de eerste
maandag van de maand...
PETOESJOK
    De Heer des Hemels beval:
    Er zij feest in het Paviljoen!

Op een Loeng vlieg ik door de nacht
In de richting van 't Purp'ren Paleis.
Der kaneelbomen schaduw bedekt
Donker de Jaden Stad.

LARS 'Londen — Oostende — Brussel — Luik — Aken — Keulen... eerste en tweede klas, vertrek uit Londen 5.23...'

PETOESJOK
Wind doet bij sterrenlicht
Wuiven des hemels brokaat,
Bij wijlen klinkt uit het blauw
der wolken een donderslag...

LARS 'Scandinavian Ferry Lines — up to fifty sailing daily in each direction.'

PETOESJOK
Verlokt door mijn jaden gift
Verheft zich de groene draak
En voert naar de Rode Berg
mij weg uit de sluim'rende zaal.
Dan blik ik door 't kralen scherm...

LARS *(na een pauze)* '12 mei, 26 juli, 5 augustus, 27 september...'

PETOESJOK
In herfstige nevel gehuld,
Trekt ver in de diepte benee
De aarde mijn aandacht en oog.

LARS *(legt Cook terzijde)* Op een zachtblauwe Moskouse avond stap ik in de 1e klas slaapwagen, gedempt licht, zacht gezoem van de ventilator, vanuit de restauratiewagen brengt een kelner in een wit jasje het avondmaal. Koffie, cognac, pyjama, lichte lectuur voor de nacht... De volgende dag station Tsjop, de formaliteiten van de grensoverschrijding — en ik ben Europeaan. Tot Bratislava in dezelfde wagon, maar dan — Wenen. Van nu af aan behoor ik toe aan het goede oude kantoor van Thomas Cook. Maar eerst twee uur in Wenen: het graf van Beethoven, de Sezessionzaal, een wandeling over de Ring, een teug frisse lucht bij de Peterskirche... *(weer*

met de reisgids in de hand) Uit Wenen vertrekke men uit-
sluitend met de Mozart-express, treinnummer 264, ver-
trektijd 20.00 uur. Fluwelen gordijnen voor de ramen,
een wit borstbeeldje van de componist in iedere coupé,
de ouverture van Die Zauberflöte vóór het vertrek, tot
Keulen een restauratiewagen met Oostenrijkse keuken,
telefonisch bestellen vanaf de slaapplaats mogelijk...
Maar ik ga niet tot Keulen — Salzburg, Innsbruck, in
Innsbruck afhaken en pal naar het zuiden. Tot Verona.
En dan — Milaan. Dat is juist weg van Zweden, maar
ik ga graag met een omweg terug naar huis. Een kort
verblijf in Milaan, heel kort en direct weer naar boven,
naar het noorden. 'Some like it cold!...' 'In de V.S.,
Canada, Groot-Brittanië en heel West-Europa staat de
directie van Thomas Cook via een nimmer falend tele-
foonnet 24 uur per dag en 365 dagen per jaar voor u
klaar!' De volgende morgen: Montreux — 6.18, Lausanne — 6.40, — en Frankrijk, Frankrijk, Frankrijk...
In Parijs twee-drie dagen in een klein hotelletje in de bo-
venstad, niet ver van de Sacré-Coeur. Dan opnieuw
Cook, zacht schommelen bij een snelheid van 300 kilometer per uur, en als ik de overkapping van het station
in Amsterdam binnenrijd ben ik definitief Scandinaviër.
Met het spoor is het afgelopen, verder gaat het over zee,
zee, zee... Tweepersoons buitenhut, lounge, bad type
A, B, C, D, bovendek, zwembad met zeewater, sauna,
filmzaal, bowling, nachtclub, casino, discobar, theater-
zaal...

(Pauze.
Een leunstoel. In de stoel Lars. Achter hem een rugzak.
Tegenover Lars Petoesjok. Boek in de hand.)

PETOESJOK Ik kan je nu iets vertellen dat zo intiem en
geheim is.

LARS Wat!...

PETOESJOK Dat je het jezelf nog niet zou toevertrou-
wen.

LARS Laat maar!

PETOESJOK Moet je horen... *(pauze)* Wees maar niet

bang. Ik heb toch niets te zeggen. Ik kan alleen iets vragen.

LARS Vraag maar.

(Petoesjok zwijgt.)

Dan vraag ik jou wat. Een voetganger loopt van A naar B. Hij loopt de hele eerste helft van zijn leven en komt aan in punt... A. Waar hij vervolgens de resterende tweede helft doorbrengt. Waarom?

PETOESJOK Waarom zijn de bananen krom... Omdat de aarde rond is.

LARS Nee, omdat het leven plat is. Dus je gaat me schrijven?

PETOESJOK Nee.

LARS Ik wilde je ook juist vragen om me niet te schrijven.

(Vladimir Ivanovitsj komt naar hen toe. Nadja op.)

VLADIMIR IVANOVITSJ *(tegen Lars)* Kun je geen koffer aanschaffen?

LARS Wat heb je tegen mijn rugzak?

NADJA Alles kreukt in een rugzak.

PETOESJOK Je moet lichtbepakt door het leven gaan. Al het mijne draag ik met mij.

LARS *(propt de reisgids in zijn rugzak)* Ze hadden me allang moeten doodschieten voor het feit dat ik me nog steeds niet heb verhangen.

NADJA Oh, waarom zegt u nou zoiets!

VLADIMIR IVANOVITSJ Wij, Nadja, zijn al op een leeftijd waarop je aan God moet denken. En aan dat wat op rode kussentjes achter je kist zal worden aangedragen.

VALJOESJA Achter de mijne alleen het speldje 'Veertig jaar diergaarde van Moskou.'

NADJA Ik heb ook wel eens kramp in mijn hart, zo'n kramp heb ik dan, maar daarna ontspant het weer...

PETOESJOK Je moet aan sport doen.

VALJOESJA Karate.

VLADIMIR IVANOVITSJ Wie heeft hèm uitgenodigd...

(Pauze)

PETOESJOK *(tegen Lars)* Ga maar gerust. Je koning wacht op je.

LARS En de koningin.

PETOESJOK De heer en mevrouw De Koning.

LARS Wat?... Wat, wat?...

PETOESJOK Hoor eens, als je de koning tegenkomt, zeg hem dan: In Rusland woont het haantje Petoesjok. Hij springt nog wel, maar het kraaien wil niet meer. Zul je dat doen?

VALJOESJA Een mooi volk, die Japanners. Alles is mooi bij hen. Neem karate — in wezen de kunst van het doden, maar zo mooi aangekleed. Al die banden: roze, geel, zwart...

VLADIMIR IVANOVITSJ Net als onze graden: eerste, tweede, derde.

LARS 'Eeuwfeest van de Sud-Express-restauratie van de Oriënt-Express, officiële jubileumtrein op 2 mei 1983.' Let's go! Na u!

VALJOESJA Petoesjok, je vergeet... dat wij maar een mottig allegaartje zijn. Een uiterst mottig allegaartje van mensen op leeftijd. En wat doe jij met ons?... Zeg Petoesjok, misschien... misschien wilde je gewoon een soort circus op touw zetten? Weten jullie nog, hij vertelde toch over dat Amerikaanse experiment? Hij heeft ons opgetrommeld, die oude man uit Brjansk een brief geschreven, Pasja gelanceerd... En zelf is hij parterre gaan zitten. Waar of niet, Haantje?

PETOESJOK Goed, we stappen eens op. Het was een geslaagd weekend.

NADJA *(met koffer)* Ik ben een keer met gymnastiek begonnen — ik kreeg kuiten en rechte schouders. Dat staat lelijk bij een meisje. Dus ben ik er weer mee gestopt.

(De deur van het huis gaat open. Pasja komt naar buiten.)

PASJA Een groep jonge mensen in een tuin. Dat zou een mooi schilderij opleveren in de geest van Watteau. Hoe vinden jullie de deur?

LARS Knap werk!

PETOESJOK Zeg, gaat het bij jullie ook zo?

LARS Hoe?

PETOESJOK Eerst gaat alles goed en daarna slecht.

PASJA Ik heb toch hoop ik niemand wakker gemaakt vanochtend? Ik ben om vijf uur opgestaan, heb de deur uit zijn hengsels gelicht en hem daar achter de kruisbessenstruik gestoffeerd.

VALJOESJA We sliepen als ossen.

VLADIMIR IVANOVITSJ Schitterend!

PASJA Dubbel koord.

NADJA Heel kunstzinnig.

PASJA Koperen spijkertjes.

VALJOESJA Een plaatje!

PASJA Het moest een verrassing zijn — jullie worden wakker, en kijk die deur eens. Wat moet dat défilé?

LARS Welk défilé?

PASJA Koffers, een rugzak, tassen... net of ik dat niet zie.

LARS Wat zeuren jullie toch over mijn rugzak? Doe maar of ik er niet meer ben.

VLADIMIR IVANOVITSJ En ik ook niet.

NADJA En ik?...

PETOESJOK (tegen Valjoesja) Ik heb een foto van je. Die hebben we laten maken op de landbouwtentoonstelling.

VALJOESJA Nee.

PETOESJOK Bij de fontein. 'De stenen bloem'.

VALJOESJA Nee. Die was daar niet.

PETOESJOK Ik heb nog aan een of andere vent gevraagd om ons met mijn toestel te kieken.

VALJOESJA Daar weet ik niets van.

PETOESJOK Kom nou. Ik was in mijn grijze jas met ceintuur en jij had een wijde rok aan met grote bloemen.

VALJOESJA Zo'n rok heb ik nooit gedragen.

PETOESJOK Jawel, die had je toen, zo'n festivalmodel. Je speelde voor Brigitte Bardot.

VALJOESJA Wie is dat?

PETOESJOK Doe nou niet of je gek bent!... Er staat ook nog een of andere malle Oezbeek op, in een gewatteerde jas, met een autoped, voor zijn zoontje gekocht waarschijnlijk... Het is een mooie foto geworden. Zes bij negen.

VALJOESJA Ben je klaar?

PETOESJOK Weet je dat echt niet meer?

VALJOESJA Nou ik. Die fontein heette niet 'De stenen bloem', maar 'De vriendschap der volkeren'. Ik had geen rok met bloemen aan maar met ruitjes. En het was niet Brigitte Bardot, maar Jeanne Moreau. En geen Oezbeek maar een Kazach. En niet met een autoped maar met een driewieler...

PETOESJOK Exact! Een klein fietsje had hij...

VALJOESJA Ja... En niet zes bij negen, maar negen bij twaalf. Maar dat is helemaal nooit van zijn leven voorgevallen.

PETOESJOK Nee, ik heb het allemaal verzonnen.

VALJOESJA Jij hebt nooit een fototoestel gehad, en die vent die je vroeg ons te kieken heeft nooit bestaan, en die foto heeft nooit het licht gezien.

PETOESJOK Nee.

VALJOESJA Nee.

PETOESJOK Nee. Er was geen foto.

VALJOESJA Die foto bestaat niet.

PETOESJOK Er is geen foto. Nee.

VALJOESJA Weet je wat? Als je thuis komt verscheur je hem en we scheiden erover uit.

PASJA Nadja, mag ik u om uw hand vragen? De gasten zijn er al. We kunnen meteen bruiloft vieren.

NADJA Maar ik heb geen ja gezegd...

PASJA *(tegen Petoesjok)* Voor jullie is er niets veranderd. Voor mij is er iets veranderd. Voor jullie niet. *(tegen Nadja)* U wilde me iets zeggen?

NADJA Ik?... U wilde toch zelf...

PASJA Wat?

NADJA U zei...

PASJA Ja, ja, ik luister.

NADJA Of liever, u vroeg...

PASJA *(tegen de anderen)* Volgend weekend komen we hier terug. Waarom zouden we al die spullen heen en weer slepen? Niemand wil jullie weg hebben. *Niemand wil jullie weg hebben.*

NADJA ... daarnet nog.

PASJA Nou, wat dan? Wat heb ik tegen u gezegd?

NADJA Dat weet ik niet.

PASJA Nou, zegt u het maar, zegt u het maar!

NADJA Dat kan ik niet.

PASJA Waarom niet?

NADJA Ik vind het gênant.

PASJA Waarom, waarom?

NADJA Ik heb niets gehoord.

PETOESJOK *(leest voor uit het boek)* 'De gedichten van Wen-Tsjan vielen zo in de smaak bij de heerser, dat deze bevel gaf ze op de muur van het paviljoen te vereeuwigen en hij las ze hardop voor, eenmaal, en nog eenmaal, en een derde maal.

PASJA *(fel)* En waarom 'ik ben veertig MAAR ik zie er jong uit'? 'Ik ben veertig EN ik zie er jong uit'! EN en niet MAAR! EN!! *(Pasja biedt Nadja een trouwring aan.)*

LARS Mij slecht reeds begrijpen Russisch taal. Huwelijk — is dat in winter... of vis?

PASJA Ik vroeg u mijn vrouw te worden. Was het nou echt zo moeilijk om dat na te zeggen?... Wat, heeft niemand het gehoord?

(Pauze)

De bruiloft gaat niet door in verband met voortijdige echtscheiding. Goed, de boedelscheiding. Wie krijgt wat?

VLADIMIR IVANOVITSJ Petja, kom hier! Petja! Petja! Kom hier. Vlug.

PETOESJOK Wat is er?

VLADIMIR IVANOVITSJ Vlug! Schiet op!... Vlug!

PETOESJOK Wat?... Wat?....

(Vladimir Ivanovitsj rent naar de deuropening en drukt zijn rug tegen de deurpost. Een ogenblik staat hij stokstijf gestrekt.)

VLADIMIR IVANOVITSJ Nu drukken. Drukken! Harder! Harder!... Zo hard als je kan. Als een bankschroef... Je hand op mijn schouder.

PETOESJOK Harder kan ik niet.

VLADIMIR IVANOVITSJ Jawel! Duwen! Als een bankschroef!

Petoesjok Zo?... *(Pauze)* En als er niemand in de buurt is om te drukken?

Vladimir Ivanovitsj Als een bankschroef... Weet je nog wat er met me gebeurde toen we, lang geleden, weet je nog, naar die cursus Engels gingen? Weet je nog wat er daar met me gebeurde?

Petoesjok Die cursus, dat is twaalf jaar geleden... Ik dacht dat dat over was. Daarna heb je het nooit meer gehad.

Vladimir Ivanovitsj Jij hebt toen gedrukt en ik was meteen in orde... Als een bankschroef! Duwen!...

Petoesjok Ik was toen twaalf jaar sterker.

Vladimir Ivanovitsj Drukken!...

Petoesjok Ik doe mijn best.

Vladimir Ivanovitsj Okee.

Petoesjok Ik doe echt mijn best...

Vladimir Ivanovitsj Okee. Het is over. Genoeg.

Petoesjok Zo beter?...

Vladimir Ivanovitsj Haal die hand weg! Je doet me pijn!

Petoesjok *(staat te trillen)* Was dat even schrikken.

(Pauze)

Vladimir Ivanovitsj Zo gaat dat, Petja. Dat ben ik niet, dat is het vlees... het lichaam.

Petoesjok En heb je dat vaak?

Vladimir Ivanovitsj Soms.

Petoesjok Je moet naar de dokter.

Vladimir Ivanovitsj Nee, Petja. Een dokter heb ik niet nodig.

Petoesjok Wat dan wel?

Vladimir Ivanovitsj Een deurpost. *(loopt langs de omheining)* Alles aan een mens moet mooi zijn: zijn gezicht, zijn kleding, zijn gedachten, zijn woning, een plek om 's zomers naar toe te gaan, een plek om medicijnen te halen, lekker eten...

(Het wordt donkerder. Het kan elk moment gaan regenen. Valjoesja, Nadja, Lars en Pasja zitten met hun jassen aan op de koffers. Door het tuinhek komt Koka de tuin in. Lange regen-

jas, 'Wondere Natuurkunde' van Perelman in de hand.)

VLADIMIR IVANOVITSJ Nikolaj Ljvovitsj, we maakten ons al ongerust waar u bleef.

VALJOESJA U ziet er verfrist uit.

KOKA Niet ver van hier is een vijver.

LARS Hé, wie beweerde er dat hier geen water was!

KOKA Roestbruine modder met autobanden.

VLADIMIR IVANOVITSJ Het dichtslibben van kunstmatige waterbekkens, gevolgd door droogvallen.

KOKA En vroeger zwommen er steenkarpers in rond.

VALJOESJA Ik houd niet van vijvers. Water moet stromen.

KOKA Ik heb de trouwakte verbrand.

VLADIMIR IVANOVITSJ Wat?...

KOKA Het bankje bij de vijver staat er nog. Daar zitten een oud mannetje en een oud vrouwtje naar de wolken te kijken. Ze kijken langs de vijver heen naar de wolken boven het bos, en hij legt iets uit. Zachtjes praat hij tegen haar. En een grote wolk begint te breken, er komt een spleet in die licht doorlaat — een groene lichtstraal. Ik heb de akte verbrand. Oud papier brandt goed...

LARS Waarom groen?

PASJA *(tegen Koka)* Rookt u?

KOKA Nee. Nooit gedaan.

PASJA Ik vraag me af waar u lucifers vandaan had.

KOKA Ze waren bladeren aan het verbranden, die oudjes, en toen waren ze op het bankje gaan zitten, toen brak die wolk en uit die spleet schoot die groene lichtstraal, en hij praatte zachtjes in haar oor, en zij luisterde en keek. Langs de vijver heen, over het bos heen... Ik liep naar hun vuur, en de vlam erin.

PASJA *(lacht, zenuwachtig)* Perelman beschrijft in de 'Wondere Natuurkunde' een interessant optisch effect. Als de zon ondergaat achter een scherp omlijnde horizon, zal op het moment dat ze achter dit obstakel verdwijnt de buitenste lichtstraal van het spectrum — groen — zich als het ware van de rest losmaken en een kort ogenblik voor ons zichtbaar zijn. Dat is het laatste stukje wit licht. Met wolken komt het minder vaak voor, maar in dit geval heeft de wolkenmassa waarschijnlijk een grote dichtheid gehad. Was het een compacte wolk, Nikolaj Ljvovitsj?

(Pauze)

KOKA Ik heb me afschuwelijk gedragen, vergeeft u mij.

VALJOESJA *(tegen Petoesjok)* Weet je wat ik het meest haatte in onze relatie? De manier waarop je me jaar in jaar uit aan je vrienden voorstelde: 'En dit is Valjoesja.'

PETOESJOK Hoe had jìj het dan gewild?

VALJOESJA Toch goed dat we nooit getrouwd zijn! Dan waren we nu al honderd keer gescheiden...

PETOESJOK Herinner jij je die oude man nog?

VALJOESJA Alle oude mannen lijken op elkaar.

KOKA Op een keer, indertijd, in vierentwintig, gedurende die acht heilige dagen, zat zij die foto te bekijken waar ik en profil op sta, met die vervloekte balalajka in mijn handen. Ze zei... Ze zei: 'Wat goed dat je hier en profil op staat.' 'Waarom?' vroeg ik. 'Je andere helft is niet te zien,' zei zij. 'Wat is daar dan mee?' vroeg ik. 'Zorgen en ellende,' zei zij en ze glimlachte. *(lacht)* Ik moet naar Brjansk. *(Af)*

(Pauze)

PASJA Pak de koffers maar weer uit, dames en heren, het buitenseizoen is nog niet afgelopen.

(Vladimir Ivanovitsj zit bij de omheining. Hij ziet eruit alsof hij plotseling oud geworden is, zijn gezicht grauw, zijn stropdas losgeknoopt, zijn pak gekreukt. Hij kruipt kouwelijk weg in een plaid.)

VLADIMIR IVANOVITSJ Al mijn voorouders waren boeren. Armoe. Generaties lang hebben ze rondgelopen in bastschoenen en duffelse kielen. Vandaar waarschijnlijk mijn voorkeur voor pakken. Een verwrongen vorm van erfelijkheid. In het tegendeel omgeslagen. Van andere kleding moet ik niets hebben. Zelfs in het Zuiden — jasje aan, stropdas om, ik permitteer me hooguit een lichte kleur broek. En schoenen met gaatjes. Hoe komt dat? Ik zou het niet weten. Zo zie je maar weer waar erfelijke armoede toe leidt. Ook met eten heb ik altijd en eeuwig problemen. In de kantine nemen ze wit brood en bruin brood tegelijk. Ik kan dat niet. Primitief vind ik dat. Of bruin, of wit, nooit samen. Het komt nog eens zover dat ze het bruine brood met boter besmeren en het witte erop leggen. Een boterham met brood. Dat is toch waanzin. Nonsens. Of wat je ook ziet: ze drinken een glaasje wodka en gieten er een glas priklimonade achteraan. Giftig word ik daarvan! Een borrel moet je respecteren. Je kan net zo goed die wodka meteen in de Riedel mikken en die troep opdrinken. Dan heb je hetzelfde. Wat wel tegelijk moet, dat is soep en soepvlees. Maar wat doen ze — eerst lepelen ze de soep naar binnen, blijft er op het bord een stuk vlees achter, doet ie er apart zout op, en mosterd, en eten. Primitief vind ik dat. Zometeen komt immers het hoofdgerecht, waarom moet je daar twee van heben? Je biefstuk mag je straks naar hartelust met vork en mes bewerken. Maar het soepvlees moet parallel met het nat genuttigd worden. Dat is geciviliseerd. Als er rijst geserveerd wordt, eet ik daar nooit zoute augurken of ingemaakte paddestoelen bij. Bij aardappelen wel! Daar passen ze bij. Maar niet bij rijst of macaroni. Aardappelen eet ik weer nooit met brood. Volgens mij zijn aardappelen en brood elkaars equivalent. Thee na de maaltijd is primitief. Warm eten besproeien met warme drank?! Alleen vruchtenat. Dat schept balans in de maag en zorgt voor een gelukkige finale van de maaltijd. Hoe kom ik daar allemaal bij? Nee, ik mag mezelf niet. Met mij is niets te beginnen. Mijn voorouders waren te primitief.

VALJOESJA Petoesjok, je vroeg naar mijn man... Mijn man.... mijn ex-man, was een koel type. Geen enkele passie, niet voor kaarten, niet voor paardrennen. Hij liep helemaal nergens warm voor. Hij kende geen enkel spelletje, verzamelde niets en dronk niet. Ook voor mij kon hij niet warm lopen. Hij stond graag voor het raam naar buiten te kijken. Soms keek ik dan wel eens stiekem naar zijn gezicht, heel voorzichtig, ik deed of ik de planten water gaf en dan keek ik voorzichtig even naar zijn ogen. En elke keer schrok ik — er was zo helemaal niets in zijn ogen te zien. Niets! Buiten holden kinderen rond, en honden; meisjes in korte rokken en jongens in leren jacks liepen af en aan... Maar zijn blik was leeg. En hij keek ook niet in zichzelf, er ging niets van die ogen uit, naar binnen niet en naar buiten niet. En ik was ontzettend blij toen ik op een keer tenminste iets in zijn blik ontdekte. Er kwam een studente van het bureau voor burenhulp onze ramen lappen; ze kleedde zich vlug om, knoopte de punten van haar overhemd om haar gebruinde buikje, sprong op de vensterbank en hief een lied aan. En op dat moment zag ik iets gebeuren in de ogen van mijn man. Ik vroeg het zangvogeltje te blijven eten. Aan tafel keek mijn man ook naar mij met ietsje meer belangstelling dan anders, iets in zijn ziel was in beweging gekomen, op gang gebracht. Tussen ons drieën groeide een spanning. 't Is gek, maar ik was er blij mee. Dat leek tenminste op leven. Ze had van die fijne gele wenkbrauwtjes en in plaats van een 'r' zei ze een 'g'. Ik vgoeg haag bij ons te komen schoonmaken. Na afloop aten we dan samen, we dronken thee en zij neuriede haar wijsjes... En op een goed moment stapten ze samen de deur uit en ik bleef alleen achter. Ik had het spel verloren. Maar er was tenminste iets gebeurd in ons leven. Anders hadden we nog een jaar of dertig zo door kunnen leven zonder speciale verwikkelingen. De man was wakker geworden. Goddank.

PETOESJOK Valjoesja en ik hebben elkaar leren kennen bij de politie. Er was een verkeersongeluk gebeurd, een botsing. Voor onze ogen. Maar we kenden elkaar nog niet, we liepen zelfs aan verschillende kanten van de straat. Er waren geen gewonden, alleen een oude man die van schrik op straat in elkaar was gezakt. We werden als getuigen meegenomen naar het bureau, we ondertekenden het proces-verbaal en ons werd gevraagd de oude man naar huis te brengen. We brachten hem naar zijn kamertje, hij ging even op de bank liggen en

viel onmiddellijk in slaap. Hij lag daar zo rozig en gelukkig, als in zijn kist. Wij zaten op twee stoelen die naast
elkaar stonden — als in de bioscoop. Daar zaten we dan,
de oude man sliep, de tijd verstreek onherroepelijk, het
rook naar appels — even later kusten we elkaar. Op dat
moment opende de oude man zijn ogen, zei: 'Gefeliciteerd,' en sliep weer in. Later heeft hij ons vaak de sleutel van dat kamertje gegeven.

(Uit het huis komt Koka met zijn versleten aktentas, hij gaat
op de bank zitten.

Pauze.)

NADJA Ik ga waarschijnlijk trouwen. Met een piloot.
Een helikopterpiloot om precies te zijn. Ik heb hem uit
een tijdschrift, 'De luchtvaart'. Hij had een huzarenstuk-
je uitgehaald — zijn helikopter neergezet op een open-
luchtdansvloer. Geen snoertje van de gitaren beschadigd,
alles heel beleefd. Hij had boven de stad panne gekregen, overal huizen , nergens een plek om te landen, maar
hij paste precies op die dansvloer. Hij verhielp het de-
fect, bood de dansenden zijn excuses aan en steeg weer
op. En die mensen dansten weer verder. Toen ik dat be-
richtje gelezen had, heb ik hem meteen geschreven via
zijn onderdeel, en hij schreef terug. Heel beleefd.
VALJOESJA Nou, Nadja, jij bent me er een!.. Is het een
knappe man?
NADJA Oh, ik had natuurlijk weer pech! Ze hadden er
geen foto bij gezet. Maar toen hij eenmaal een fotootje
had gestuurd, nou, toen ik daarnaar keek... lieve hemel!
VLADIMIR IVANOVITSJ Een mormel?
NADJA Alain Delon! Onze voorzitter zei tegen me: 'Als
je trouwt mag je die woning hebben.' Eerst wilde ik niet
— brieven zijn toch maar brieven... Maar nu doe ik het.
PETOESJOK Heeft Delon even mazzel.
NADJA Hij heeft zelf een woning, hoor. Maar ja, dat
zijn maar twee kamers.
LARS Werkt die helikopterpiloot van jou niet toevallig
op de lijn Jacksonville-Miami?
NADJA Nee, bij Moskou.

LARS Ik heb er namelijk eentje gekend. Bob. Een prachtkerel. Iets heel stoms: op een keer reisde ik met een vriend voor vakantie naar Miami, op de bonnefooi, en om een of andere reden ging ons kaartje maar tot Jacksonville. Iedereen gaat met de trein naar Miami, maar wij wilden met een helikopter. Van Jacksonville naar Miami met een helikopter! We komen aan en gaan op zoek naar een kamer, niet aan zee, maar boven, op de berg. Aan zee was alles afgeladen vol. De huiseigenaar draagt een flanellen ruitjeshemd, een hitte van dertig graden en hij loopt in flanel. En een baardje heeft hij, klein en stevig, alsof de haren aan elkaar geplakt zijn. In de ene kamer woont hij zelf, de andere verhuurt hij. We worden 's ochtends wakker, we gaan ons wassen — zijn er geen handdoeken. We roepen de baas. Hij in zijn flanellen hemd: 'Handdoeken,' zegt hij, 'zijn niet inbegrepen.' 'Wat niet inbegrepen?... Twee dollar voor zo'n brits en niet inbegrepen?' Twee dollar! Two bucks! En de haren van zijn baard zijn zo dik, alsof ze aan elkaar geplakt zijn... Wat een hufter! 'En de lakens,' zeg ik, 'zijn die inbegrepen?' 'Yes, die zijn inbegrepen.' 'En is het kussen inbegrepen?' 'Yes, dat is inbegrepen.' 'En de handdoek?!' 'No, een handdoek is niet inbegrepen.' Mijn vriend en ik: 'Wel inbegrepen, hufter!' Wij op hem af. 'Wel inbegrepen, klootzak!... Of we zagen je baard eraf.' Hij gaf ons een handdoek. Een inbegrepen handdoekje. Eéntje maar voor ons tweeën, maar inbegrepen. We hadden namelijk niets bij ons om ons af te drogen — in hotels, in treinen, overal is het inbegrepen. Een heel smal handdoekje gaf hij, en kort. Hij wilde overhouden aan zijn twee dollar, de vuilak! Hij bezuinigde op de lengte. We hebben toen goed weer gehad. Terug — naar Jacksonville — gingen we gewoon met de trein. Wel een goede vakantie.

(Pauze)

PASJA *(het hoofd achterover)* Er kwam een vogel over. Maar hoe hij heet, weet ik niet... Erg genoeg.

PETOESJOK IJsvogel.

PASJA Zijn die er dan in de zomer?

PETOESJOK Waarom niet?

PASJA Die naam klinkt zo...

PETOESJOK Hoe?

PASJA Koud. Toch eens wat aan ornithologie doen...

LARS Nikolaj Ljvovitsj, ik wilde u zeggen... We wilden u voorstellen... we hebben eens overlegd... Wij gaan weg, trekt u maar met uw nakomelingen in dit huis en geniet ervan. Wij komen dan op zaterdagen en zondagen langs. Met de auto. *(terzijde tegen Nadja)* Of met de helikopter. Als het goed vliegweer is.

NADJA Alstublieft zeg!...

KOKA Nee, nee. Ik moet naar huis. Ik red me wel, er is altijd een alternatief. In Brjansk hebben ze me al wat beloofd, ik heb een aanvraag ingediend... onze buurman krijgt een woning, wij mogen zijn kamer hebben... Ik red me wel. Ik heb me schandelijk gedragen. Ik ben maar voor één ding bang: dat ik niet meer aan de nieuwgeborene zal kunnen vertellen... Ik zal hem vertellen hoe dat papier brandde. De randen verkoolden en daarna begonnen de letters een voor een te verdwijnen. Het leek wel of er een groot ahornblad brandde. Vandaag de dag groeien de kinderen snel, misschien haal ik het nog.

PETOESJOK Maar zou u toch niet liever...

KOKA Nee, nee, ik moet naar Brjansk.

(Petoesjok loopt naar het huis. Hij neemt een van de platen die eerst voor de ramen hebben gezeten en nu tegen de muur staan. Hij past de plaat voor het raam.)

PETOESJOK Pasja, help eens.

(Pasja loopt naar Petoesjok. Samen houden ze de plaat voor het raam.)

NADJA *(doet haar tasje open en zoekt erin)* Maar we gaan niet naar het Huwelijkspaleis. De burgerlijke stand en klaar. In dat paleis daar moet je champagne bestellen...

PASJA Vladimir Ivanovitsj, kijk eens: recht, scheef?

VLADIMIR IVANOVITSJ *(komt dichterbij)* De rechterkant ietsje hoger.

PETOESJOK Zo?

VLADIMIR IVANOVITSJ Ja, zo is het goed.

(Pasja en Petoesjok tillen de rechterkant van de plaat wat op.)
NADJA *(zoekt tussen papiertjes)* Mijn piloot is allergisch voor prikdranken. *(vindt een foto, laat hem zien)* Valjoesja, moet je kijken: Alain Delon. Hij heeft me alles geschreven, dat ook. Zijn oogleden zetten op van prik. Hij drinkt helemaal niet.

(Lars neemt de plaat over. Pasja pakt hamer en spijkers op.)
PASJA Dat is mijn werk. *(timmert)* Ben je nou een Zweed of een Balt?

LARS We doen gewoon waar we zin in hebben! *(slaat met een hamer op een spijker)* Ik zal aan jullie denken in mijn Istanboel, gezeten in de restauratie van het Paveletski-station, aan de Egeïsche Zee, nippend van mijn Riedel! Skol!

(Pasja timmert de plaat vast. Daarna nog een, en nog een. Pasja, Petoesjok, Lars en Vladimir Ivanovitsj nemen de planken en lopen naar de deur om die dicht te timmeren.)
NADJA *((bergt de foto op en doet haar tasje dicht)* Ik drink ook niet. Ik krijg vaak iets aangeboden, maar ik bedank altijd, een beetje gênant eigenlijk. Bij ons in de poort hebben de buren die drinken een soort clubje, kom ik daar laat op de avond langs, winter, koud, bijna geen lichten.... griezelig... Zij heel beleefd... Ik bedank, en zij: 'U hoeft niet te drinken als u niet wilt, maar komt u even kijken hoe we ons hier hebben ingericht.' Ik heb het één keer gedaan. In zo'n kastje aan de muur waar de brandkraan is was een plankje getimmerd, bekleed met een stuk krant waar ze een sierrandje aan hadden geknipt. Ze hebben er alles: glaasjes, bordjes, mesje, vorkje... En een klein hondje dat tussen hun benen door scharrelt. Van de een krijgt hij een worstje, van de ander een stukje brood... Een schattig hondje. Bruin. Heel leuk allemaal. Enig! 'Tot ziens, juffrouw, komt u bij gelegenheid nog eens aanwaaien.' Ik stap op, en dat hondje achter me aan, wil niet meer van me wijken... Net Kasjtanka! Toen ik klein was, las mijn oma me iedere avond voor het slapen gaan uit dat boekje voor. Daarna droomde ik

's nachts altijd van honden, en 's ochtends zei oma dan dat het een goede droom was — een hond betekent vriendschap... Ondertussen was het donker gaan worden. En aan beide zijden van de straat verschenen lichtjes. En er warrelde een dichte donzige sneeuw neer, die de rijweg, de ruggen der paarden, de mutsen der koetsiers wit verfde en hoe donkerder de lucht werd, des te witter lichtten de voorwerpen op. Kasjtanka rende voorwaarts en weer terug zonder haar baas te kunnen vinden. Zonder ophouden liepen, haar met de voeten aanstotend en het uitzicht belemmerend, allerlei onbekende mensen langs haar. Ze spoedden zich ergens heen en bekommerden zich in het geheel niet om haar. Een gevoel van wanhoop en ontzetting maakte zich van Kasjtanka meester. Zij drukte zich ergens in een portiek weg en begon jammerlijk te huilen. Haar oren en poten waren bevroren van de kou en ze had een vreselijke honger. Die hele dag had ze maar twee keer iets te kauwen gekregen: bij de boekbinder had ze wat van het stijfsel opgeslobberd en in een van de kroegen had zij bij de toonbank een worstvelletje gevonden — en dat was alles geweest. Indien zij een mens was geweest zou ze nu waarschijnlijk gedacht hebben: 'Nee, zo is het niet uit te houden! Ik moet me een kogel door mijn kop jagen!'*

(En dan weerklinkt er een schreeuw van Koka.)

KOKA Wat heb ik gedaan!...

VALJOESJA Sssst, rustig maar...

KOKA Hoe kon ik!...

VALJOESJA Lieve Nikolaj Ljvovitsj, bedaart u toch.

KOKA Laat me gaan!

NADJA Waarheen?... Waar wil hij heen?... Houd hem tegen!

KOKA Wacht!... Wacht nou!... Hoe kon ik!

VALJOESJA Rustig maar, mijn beste, rustig maar...

KOKA Nee, nee... ik moet... erheen... ik kan niet... Laat me gaan! Laat los!...

(Koka rukt zich los uit de handen van Valjoesja en Nadja, rent naar de deur en verdwijnt in het huis.

Allen zijn verbijsterd en onthutst door de hysterie-aanval van de oude man. Een ogenblik later verschijnt Koka in de deuropening. Triomfantelijk heft hij een klein pakje boven zijn hoofd.)

KOKA Kijk!... Kijk!... Bijna vergeten... Seniele aftakeling, een hoofd als een vergiet. In het nachtkastje laten liggen. Dit zijn spenen! Fopspenen! Had ik voor mijn achterkleinzoon gekocht... of wat het ook wordt. In Moskou heb je fantastische spenen, en bij ons heb je ze maar af en toe. Bij vlagen. Maar wij hebben alvast een voorraadje. God zij dank!...

(Plotseling rukt Pasja het pakje uit Koka's handen en slingert het in de struiken.)

PASJA Weg met die troep!

KOKA Wat?... Waarom?...

PASJA Dat is vuiligheid!

KOKA Ik had ze gekocht... Als hij geboren wordt... dan hebben we ze alvast...

PETOESJOK *(tegen Pasja)* Wat doe je nou, hufter!... Rotgeintjes uithalen met een oude man! Die man is al oud!

KOKA Ik heb er de halve stad voor af gelopen...

PASJA *(tegen Koka)* U krijgt van mij spenen. Zweedse. met een smaakje. Een setje.

KOKA Waarom Zweedse?

PASJA Die heb ik thuis. Gekregen. Een setje. Twaalf stuks. Is dat te weinig?

KOKA Er zaten er acht in...

PASJA Als je vanaf je vroegste jeugd de stinkende produkten van de Coöperatieve Rubbertrust in je mond krijgt gestopt, blijf je levenslang hunkeren naar een goede speen.

KOKA Neemt u mij niet kwalijk...

PASJA Ik wil dat uw achterkleinzoon een smakelijk levensbegin heeft. Misschien wordt hij dan beter dan wij.

KOKA Dank u wel...

PASJA Ik zal u naar het station brengen. Maar u mag die troep niet oprapen.

(Pauze)

VALJOESJA Wat ben ik toch een totebel! Heb ik mijn paraplu ingepakt, gaat het regenen.

VLADIMIR IVANOVITSJ Dan gaan we onder mijn paraplu.

VALJOESJA Denk je dat we eronder passen?

VLADIMIR IVANOVITSJ Ik denk van wel.

(Pauze)

VALJOESJA De zon is onder en het is meteen koud. Het wordt herfst.

NADJA Als er een zonsverduistering is, wordt het dan donker?

LARS Schemerig.

NADJA Ik ging een keer naar de bioscoop, ik kom naar buiten, hoor ik dat er een zonsverduistering is geweest. Die had ik gemist.

PETOESJOK Even op de kalender kijken wanneer de volgende is.

VLADIMIR IVANOVITSJ Dat duurt nog wel even.

NADJA Ik wacht wel.

LARS Je moet een stukje glas beroeten, door zo'n zwart glaasje kun je alles zien.

NADJA Aha.

PETOESJOK Daar is de regen.

VALJOESJA Ik geloof... Ik dacht... dat we nu wel met zijn allen in dit huis zouden kunnen wonen.

DOEK

HET TAGANKA THEATER (VROEGER EEN BIOSCOOP) AAN
DE SRETENKA-STRAAT
THE TAGANKA THEATRE (FORMERLY A CINEMA) IN THE
SRETENKA-STREET

ANATOLI VASILJEV NA DE REPETITIE
ANATOLI VASILJEV AFTER REHEARSALS

VIKTOR SLAVKIN (ONDER ZIJN DODENMASKER)
VIKTOR SLAVKIN BENEATH HIS DEATHMASK

JAZZ DANSLESSEN VAN G. ABRAMOV
JAZZ DANCE LESSONS BY G. ABRAMOV

DECOR BIJ HET BEGIN VAN *CERCEAU*
DECOR AT THE BEGINNING OF *CERCEAU*

REPETITIE VAN HET TWEEDE BEDRIJF
REHEARSAL OF ACT TWO

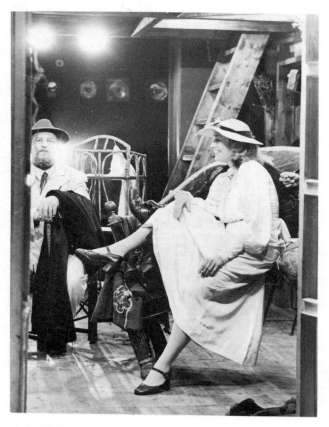

A. PETRENKO EN L. POLJAKOVA
A. PETRENKO AND L. POLJAKOVA

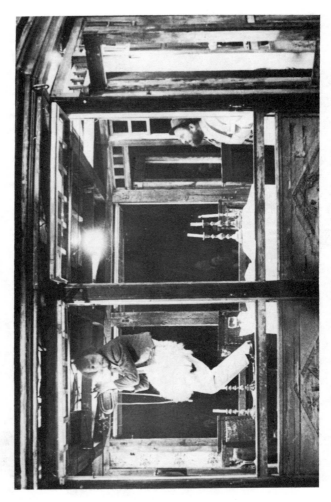

A. PETRENKO EN B. ROMANOV
A. PETRENKO AND B. ROMANOV

B. ROMANOV, A. FILOSOV EN J. GREBENSJTSJIKOV
B. ROMANOV, A. FILOSOV AND J. GREBENSJTSJIKOV

DECOR AAN HET EIND VAN *CERCEAU*
SET AT THE END OF *CERCEAU*

Viktor Slavkin

CERCEAU

From the very first, about a year ago now, *Ajax*, directed by Peter Sellars and presented by the American National Theatre in Washington DC, and *Cerceau*, directed by Anatoli Vasiljev and presented by the Taganka
Theatre in Moscow, have been manifestations of the
same act in my opinion. Their presentation in Holland
seemed a mere dream, until *Ajax*, in Robert Auletta's
version of Sophocles' piece of the same name, was presented at the Holland Festival (among other places) a
month ago. *Cerceau*, written by Victor Slavkin, is brought
to us by the Theater Der Welt from Stuttgart on its way
to the London International Festival Of Theatre. This
seems paradoxically obvious now, but in both cases it
looked quite improbable and impossible only a short time
ago.

To continue my line of thougt: after a deafening first
night, *Ajax* was slaughtered and despised in Washington. People who have seen the piece will understand why
it didn't go down well there. After all, it is no matter
of course in Washington to place a piece against the back-
ground of the Pentagon's rear entrance, and to make the
military's highest commanding officers play the roles of
Ajax and the other Greek commanders. Even before the
piece moved to California, where it was presented with
success, it caused the American National Theatre to be
dissolved.
At the same time, Theater Heute signalled the sweeping
Moscow success of *Cerceau*: a theatrical experience of an
uncommon order in a period when 'glasnost', the con-
cept introduced by Gorbatsjov, gradually began to gain
relevance. I believe such a thing should be honoured.
Don't get me wrong: I'm talking about both *Ajax* and

123

the explosion it caused, and about the sudden hope expressed by *Cerceau's* success in Moscow.

Cultural exchange, in whatever form (and we have certainly had the chance, the occasion and sometimes the obligation to experience numerous examples of it), somehow resembles in essence a visit to the monkey house at the zoo, unless foreign performances for an unknown audience have been taken into account as early as the production stage. We know that in both the American and the Russian case the piece was originally intended fot the home crowd only. In this respect, *Ajax* could be seen as a kind of super-American Disney version of an ancient European subject. But if we ask ourselves whether the play's essence works in our European context, we will soon reach a rather more positive conclusion. The most banal example is the company breaking up. A side effect, if you like, is my, our (therefore distorted) reaction to what really happened in America. Mind you, not the riot itself, but the fact that a director who was then 28 threw a cat among the pigeons at a time and in a place where such a thing was far from obvious.

Strangely enough that was also the time when Peter Sellars and I discovered that we saw all of Taganka's pieces at more or less the same time, when Lyubimov, who then directed and led the Taganka Theatre, was on the point of leaving for London to present his 'Crime and Punishment', with Peter James. He was subsequently told that he was no longer welcome at home, and has since led a roaming artistic existence as a representative of both highly respected theatre and political opportunism.

Sellars, who is a much of an exile himself in a way, even in his own country, refuses to be taken for a ride in that respect. He achieves a unique integration of media acceptance and artistic honesty in his work. Through personal meetings and through his own medium, theatre and opera, he feeds the media what they need.

Yet Sellars is deeply suspicious of everything he does outside America, because there he lacks his roots, America, which he feeds on. Nevertheless, he manages to make use of the achievements of our modern world with style. A similar thing cannot, and should not, be expected of the Russians. However you like to put it, they come from a world that differs from ours. (Not that America is so similar to our own world, but it is more recognisable, since the American frame of reference is fed to us daily).

H.J.A. Hofland, the author, discovered on his way back from Russia that the grass seemed to have been painted a brighter green on the other side of the border. On our side, the colour was more varied. More subtle shades, greater gradations. Consciously or unconsciously, we have learnt to accept this. Years ago, people over here started to explain the gradual influx of the image, both in theatre and elsewhere, in terms of the waning influence of the word, a development partly caused by the media. In Russia this very word, which was often persecuted, never fell victim to wear and tear. Attempts to turn visual theatre into the most significant layer of meaning have not yet been undertaken there, in spite of Gorbatsjov's 'new cultural policy'.

In February of this year, Friedrich Dürenmatt visited the Soviet Union for the first time in twenty years. He had been invited by Gorbatsjov, along with writers, artists, scholars and captains of industry from both East and West. He also signals (in Theater Heute, April 1987) an enormous intellectual revival, although he admits that he cannot judge how much support there is outside Moscow. He is struck and saddened by the difference in the appreciation of theatre: in the West, theatre is a purely aesthetic phenomenon on the cultural fringe, but in Russia it is a political factor of the first magnitude, a warmly beating heart in the middle of society. Because of this, and because the merest suggestion of 'glasnost' should be honoured (and not in the form of discussions and articles about whether it's sufficient), it is important that we have the opportunity to see this performance here.

So if *Ajax* is Disney, *Cerceau* is old-fashioned in that respect.

Theater Heute attempts to place the piece within a Western European framework, and refers to Grüber's presentation of Pirandello's 'Six Characters In Search Of An Author', and to Peter Stein's 'Summer Guests'. The magazine compares the style to Edward Hopper's paintings and Tarkovski's films.

Therefore, a textbook like this is not superfluous. Without it, we're visiting the monkey house, because this is a show in which the balance between form and the sanguine performance of the essence of what is said and not said, is highly important.

That completes the circle, and I can end by saying the same thing I said about *Ajax* before. The point is not whether we consider this show to be the most palatable we ever experienced.

It is more important to find out what one human being wishes to tell another, across all borders. *Cerceau* also does this, in the just expectation that we will be willing to confront that four hour struggle on the other side of the theatrical border.

Ritsaert ten Cate
June 1987

ANATOLI VASILJEV AND THE SCHOOL OF DRAMATIC ART

Director Anatoli Vasiljev (1942) studied chemistry at Rostov University, was a marine and studied direction at the State Institute for Theatre Art from 1968. After he took his degree, he directed 'Solo For An Alarm Clock' by Zagradnik at the Moscow Art Theatre in 1973. In 1977, he was asked to join the famous Stanislavski Theatre, which was led by Andrei Popov, his former teacher at the theatre school. His direction of M. Gorki's 'Vass Zhelaznova. First Version' was very favourably reviewed for its 'fresh and interesting treatment of a classic'. After some television and radio work, including Turgenjev, Oscar Wilde and others, he directed 'The Grown-Up Daughter Of A Young Man', Viktor Slavkin's first long play, which was first performed in 1981. In cooperation with Ljudmila Poljakova, Juri Grebensjtshikov, Albert Filozov and Boris Romanov, who were all to participate in *Cerceau* as well, Vasiljev developed a form and style of theatre which was new for Russia; inspired by the films of Renoir and their own theatrical experiences, the group calls it 'new wave theatre'. The performance was highly successful, although not really popular in the official theatre world. When Alexander Tovstogonov, son of the famous Georgi Tovstogonov, joined the Stanislavski Theatre in 1982, Vasiljev's group was thrown out.

Juri Lyubimov, who still led the Taganka Theatre at the time, immediately put the Taganka studio at their disposal. They could rehearse, and there was even some money to build a set, but that was all. Things became worse when Lyubimov had to leave both the Taganka Theatre and Russia itself in 1984, for his successor, Anatoli Efros, was hardly helpful. Although there was no guarantee that the play would ever be performed, the group continued to work on *Cerceau* and performed a first version in October 1985. It was again received enthusiastically, and even voted best performance of the season.

The actors, including film actor Alexei Petrenko, who enjoys great fame in Russia and is known over here for his leading parts in Elem Klimov films like 'Agonia' and 'Farewell to Matyora', worked on the *Cerceau* experiment for three years (with interruptions, and often without payment), thus laying the foundations for the School of Dramatic Art. This year, the company presented itself officially with Pirandello's 'Six Characters In Search Of An Author'. Within the framework of the new Soviet cultural policy, the School of Dramatic Art was officially accepted, along with a number of other young theatres. Its next production, 'King Lear', is planned for the beginning of next season.

We have lost the 'silver age'; it is gone forever. And it will never return, just like a swift river can never return. The 'silver age' has gone, and its people with it. A new era has begun, creating its own type of people. I don't know whether that's good or bad, but it's a fact. When I look at those people I see that they are split persons, not whole, full of inner conflicts.

Within the theatre, I don't use that type of person. I use the moment of creation. What does the moment of creation consist of? Of the destruction of inner conflict by rising above the split personality, above a fight that leads nowhere. Within the trade this means changing shape, a transition into another substance. To me, this is a national question. How does the person extract himself from the situation which has arisen, how does he become a unified human being?

For a long time, we have seen dramaturgy and literature as highly obscure disciplines, be it Chekhov or Gorki... But that very dramaturgy is in fact full of light. The light of Christianity, of progressive ideas, of aristocracy. I'm continually speaking of the man of the future. Therefore I am interested in another type of person, someone who can come in and leave, who knows how to direct the current of his own life.

In *Cerceau*, man is not doomed to leave. The piece ends tragically. It draws a line, it is dedicated to the word 'no', which refers to man's inability to find the strength to liberate himself from the current within himself. He choses the word 'no' for his own life, and with it damnation, destruction. And he finds no peace until he has destroyed everything inside himself.

However, the end contains an unexpected moment. When man has destroyed everything, the space in which he finds himself does not turn out to be empty, but pure/beautiful. On the road to damnation, to destruction, to self-destruction, pushing on to the very limit, man's inner nature confronts the purity/beauty that is left after everything has been destroyed. That is why *Cerceau* ends as follows: 'I thought... it occured to me that we could live in this house together now'.

Modern man lacks the strength to live by his ideals. He leaves his house, he leaves his earth, he leaves the cherry orchard, he leaves all that purity/beauty behind. He is not able to come to terms with it. He lacks the strength to meet the world's purity/beauty with his own. And when he leaves life, he unexpectedly finds purity instead of emptiness.

Cerceau contains these thoughts about life.

Perhaps the theatre could revive the 'silver age'? A tempting thought, a blinding one. This strange, artistic idea surfaced in me once again after *Cerceau*.

(...) In the four-act version of *Cerceau*, each act has its own character, and the same goes for the three-act version. No act resembles another. A change of character means a change of language. Total change. Although... I'd like to think that change was total, but in fact it is a structural, qualitative change. And in each act the mutual relations are different. The acts are completely different. What kind of style is this? I don't know. I have the four-act version here. The first act is a paraphrase of the 'new wave', the second act is based on jazz (this act is no longer there). The third act, which is about nonexistent letters (ironic, modern). The fourth act is a synthesis.

Revolutionary art is not the art of phrases or words, but of the world of art, of expression in the form of art. That is what Russian art from the beginning of this century was concerned with, and that is why I'm not interested in pure ideology and politics. During rehearsals, I have often remarked that 'the ideology, the atmosphere is in fact determined by the way you feel on stage. Try to get away from yourself, learn how to play an environment, the atmosphere. The atmosphere itself is ideology already. Not the word and not the fight, but the world around you is the ideology, that is, the dominant factor of artistic thought and artistic expression. (...)

I believe the power of artistic expression cannot be compared to the power of the word. That is what history has taught me. Perhaps I will succeed in setting up a theatre – I've already invented a name: 'Preparatory School of Dramatic Art'. What I mean is: the beginning. I'm not talking about the first form in school, but about the beginning, an approach enabling dramatic art to create a world on stage by itself, the world of art. The world of art of Picasso and Leonardo, for instance, came into being within a picture frame, however far apart they may have been. Perhaps this involves plans which are forbidden in the theatre world, perhaps the theatre is simpler, or organised in a simpler way, and perhaps its destination is simpler than the things we are talking about here. Perhaps we are talking about mere attempts, a desire to assault the impossible. And yet, when I see other plays, when I know what the effect of my plays is, when I look at a particular piece of history and see how it happened, when I look at the lives of many great, grand artists, I realise that the power of their influence is not the power of words or subjugation after all, but the power of the influence of the world of art of a great human being.

Bulgaria, 'Teatralni Bjoelettin' (Theatre Bulletin), 1987. Interview by Ljubomir Kostov

When, how and why did I become a playwright?
Officially, I became a playwright on 28 April, 1979. That
was the day when the first try out of 'The Grown-Up
Daughter Of A Young Man' took place at the Stanislavski Theatre in Moscow. My first spectators were there,
and at the end of the piece, when there was unexpected
applause, I went on stage for the first time, and bowed
like a professional playwright. Before that time, student
theatres and amateur companies had been interested in
my plays. I had written grotesque, metaphorical pieces.
In 'A Rotten Apartment', the inhabitants live in a shoot-
ing gallery; in 'Frost' a man spends his entire life in-
doors, afraid of the frost, although it's hot outside; in
'The Orchestra', a musician has lost the key to his case,
and can't remember what instrument it contains... Then
I wrote 'The Painting', which contains only one fictional
aspect, and resembles real life, as they say, for the rest.
I had become enthusiastic about that type of form, and
started 'The Grown-Up Daughter'. By the way, it so
happened that my plays in an indirect style were published, whereas 'The Grown-Up Daughter' was never
printed.
And now as to: how? I wrote my first one-act plays when
I was a member of 'Our House', the theatrical studio
of the Moscow State University. As a student at the railway institute I wrote pieces of school theatre in which
I acted myself. And now, when I try to find out why drama has always attracted me more as a form than prose
(although I do write stories), I remember that I was always irritated by the sentence in novels and stories that
usually follows after the main character has spoken: 'And
in the meantime he was thinking how...' That sentence
doesn't occur in plays, although it's continually present
between dramatic exchanges.

Why did I become a playwright? I first came into contact with a theatre company through the student theatre. I had met Anatoli Vasiljev twelve years before 'The Grown-Up Daughter', because he led the Rostov University Theatre by the Don at the time, and I was the writer of 'Our House'. I couldn't imagine any theatre without a group. And the group had suddenly broken up... And there I was, still writing plays for them...

Then I joined Aleksey Arbuzov's studio for young playwrights. A great company! But there was one unpleasant problem we all shared: nobody performed our plays. Later, Rozovski, Koektsjina and Petrusjevskaja had their first nights. I wasn't that lucky... But in 1978, through a number of coincidences, I finally met them: my own theatre group.

We became close friends, and I had once again found some kindred spirits. And in spite of the dramatic circumstances in the 'Stanislavski' drama theatre, we stayed together. We lost the roof under which we'd been born, we lost our house. And we found a new house. But the most important thing was that we suddenly realised that we were in fact our own house ourselves. Even when we have no roof over our heads, we are our own house. And whereas 'The Grown-Up Daughter' celebrated the fact that we'd found each other, *Cerceau* is full of the sad losses we had to sustain between these two productions.

I began to write *Cerceau* when everything was still in perfect order, but somehow the theme of the play turned out to be one of loss, of bad luck. And when it was finished, it turned out that the same thing that happened to the 'colonists' had happened to us. A company that leads the life it acts, that's the kind of theatre I trust, that's where I want to belong.

Some words about the fate of the author, whom I trust, and in whose company I wish to be.

How great is our decline, not of our stage literature, but of our opinions about it!

Nothing is new, and there is nothing we learn from. Take the story of 'The Seagull'. I don't want to claim a comparison, but let's just look back at that episode in the history of Russian theatre:

A. Suvorin: '... the play has its defects: not enough action ...a lot of room has been reserved for the trifles of life, for drawing unimportant, uninteresting characters.'

The Committee for Theatre and Literature: '...with regard to the actual construction of the scenes... a certain flippancy or hasty approach to the work is noticeable: some scenes have been dashed off more or less arbitrarily without any close connection to the whole, without dramatic consistency... the symbolism has an unpleasant effect... and if that 'gull' hadn't been there, it wouldn't have made any difference to the comedy, whereas the piece is only made worse by it now'.

The board of editors of 'Theatre and Art' magazine considered the play 'an oblique piece of work', but, through A. Kugel, it eventually admitted that 'the impression the piece makes is definitely the result of intelligent, talented and perhaps even inspired direction'.

I am pursued by 'the piece being worse than its direction'. That is what was said about 'The Grown-Up Daughter', and what is being said and written about *Cerceau*. The author bravely defends himself against all rumours, and our friendship will certainly not be ruined, although jealousy could have done that long ago. It won't happen, and that completely or almost completely characterises Viktor Slavkin.

In his small room in Malomoskovskaja Street, surrounded by his favourite books, by his pictures of friends and his jazz, he knows what his plays contain: perhaps the 'istina' (truth), or, as they say nowadays, the 'pravda' (truth).

That is: the truth of the spoken word, and of artistic fiction.

Written by G. Kozjoechova

LETTER BY THE PLAYWRIGHT VIKTOR SLAVKIN TO THE GERMAN TRANSLATOR OF THE PLAY *CERCEAU* BARBARA LEHMANN

Moscow, 31 August 1986

Dear Barbara,

Unfortunately I received your letter very late. I was on holiday near the Black Sea, and in the meantime your letter was waiting in the theatre. But now I finally have it, and I'm writing back to you right away.

First of all I'd like to thank you very much for your interest in my work and your positive reaction to my play. If 'Cerceau' impresses the German audience as much as it did you, I shall be very honoured.

When I received your letter, I immediately called the VAAP [copyright organisation]. They told me the text had been dispatched already. It's the latest version; it is in complete agreement with the performance, and has been discussed with director Vasiljev.

As to the questions you put in your letter.

About ' "The Cherry Orchard" as a model': When I wrote the piece it was not my intention to follow 'The Cherry Orchard' but it so happened that the plot and the function of several characters were similar. Pasha, for instance, has done the same thing Lopachin did. When a director decides to emphasise such things in the play he is free to do so, that is the director's contribution. But a translator need not take it into account, with the exception of quotes, like 'Everything about a human being should be beautiful'.

The role of Lars was written without taking Charlotte into account. It is only occasionally that they have a comparable 'tragic mistero buffo function'.

As far as my other examples and our specific realities are concerned, I shall try to explain them to you below while answering your questions.

But first, at your request, a few remarks about the play's general idea. As you probably know, it was initially called 'I'm Forty, But I Do Look Younger', a sentence Petushok keeps repeating. Forty is the age where man reaches stability, the point where both the spent fire of youth and the shape of approaching middle and even old age are clearly discernible. It is the age at which a person can afford 'to take one more chance' (vykinoetj nomer), an idiom referring to an unexpected, risky action, something illogical; by the way, Petushok's words 'To take one more chance, by God' quote the expression 'Vot tak nomer, sjtob ja pomer!'. Our heroes take a chance like that – they are not so young anymore, but nevertheless they try to start living as a group, in a common house, as a commune, the 'third option' (see the play's text). But it's not real living, they are in fact just playing with that kind of life, and while they're doing it, they lose themselves in the game. The life they have invented, which is most clearly expressed in the second act, with the 'cerceau' game and the scene with the letters, conflicts with real life – a twist Pasha introduces in the story when he buys Koka's house; by the way, Pasha's behaviour is also playful and provocative. At their first confrontation, our heroes lose their interest, they abandon their positions and split up. They don't want to fight, they don't try to dominate the situation, because they've spent all their strength on their past lives, in which a lot happened and illusions were shattered, and on the game, which they have been persuaded to play by Petushok, who initiated the idea of a common house. But during the game not everybody proves to be suitable for such a 'house', and the nostalgia about 'living together', which surfaces during this brief weekend in the country, will pursue our heroes for the rest of their lives. The story, which began so cheerfully and casually, almost like a vaudeville, ends in a sad, I'd even like to say tragic manner.

As for the quotes in the letters. In the letter of Vladimir Ivanovitch, I have used phrases from a letter Pushkin wrote to A.P. Kern on 25 July 1825 (in French), and from a letter to K.A. Sobanskaya of 2 February 1830, and another one to her written on the same day. Valyusha's letter contains quotes from letters by M. Tsvetajeva to B. Pasternak: from a letter marked 'mid-July 1927' and a consecutive one marked 'late October 1935'. These letters were published in 'Novyj Mir' magazine, nr. 4, 1968, pages 196-198. The description of the dream in Pasha's letter comes from a letter by A.S. Gribojedov, which was published in A.S. Gribojedov, Works in two parts, part 2, Moscow, 'Pravda' Publishing, 1971.

And now my answers to your questions, one by one:
1. Lesnevski is a Moscow critic and Blok-specialist. He wrote the amateur verse improvisation. I don't think his name needs any comment, it's not important.
2. Koka quotes a verse from Blok's poem 'Facing The Court', written on 15 October 1915. The poem starts as follows: 'Why so downcast all of a sudden? Look at me like before...'
3. 'Our days pass away like the waves' is an old student song with lyrics by A.V. Serebrovski. That, at least, is what the commentary says to Leonid Andrejev's play 'The Days Of Our Life', in which the song is quoted during the first act.
4. 'I came from far away...' Caption on a picture postcard from the beginning of this century, which is part of my collection. The card shows a sailor waving his cap to his sweetheart.
5. Koka's list of wines was taken from an old menu, which is part of my collection, among other curiosities. 'Restaurant The North', George, the maître d'hôtel, the orchestra conducted by Mataki – it is all documented,

and should be translated literally.

6. 'The goat went to the co-op...', you'd better leave that out, in translation it doesn't work in combination with the phrase 'funny, isn't it?'. ·

7. I don't have the complete text of the song 'Singing we go on...' at hand. It's a song that was very popular with the masses in the fifties. It occurs in a lot of songbooks from those days, but I don't have them at my disposal right now; I'll refer back to this matter as soon as possible.

8. 'The Sebastopol Waltz' is a famous operetta by the well-known Russian composer Konstantin Listov, and dates from 1962. It's a modern lyrical comedy taking place in a pretty seaside town – pretty girls, handsome navy officers, romance... I think I can get you a recording of the waltz, which is the operetta's main theme, and will send it to you.

9. The veranda scene with Valyusha and Vladimir Ivanovitch does not contain any quotes.

10. The song starting 'When we hear of love...' is an airy drawing room tune from the first decade of this century. According to the director, it reinforces the operetta-like, parodical aspects of Koka's behaviour. Instead of this song, you could use a comparable popular cabaret song from Germany, if the director finds it necessary.

11. The beginning of the third act, the monologue about the Jade pavillion and the poems – these are the first pages of a novel by an anonymous seventeenth century Korean writer called 'The Dream in the Jade Pavillion', which was published by 'Choedozjestvennaya Literatoera' (p. 23-24) in 1982. These lines mean a lot to Petushok, because they speak of a community of poets living in heaven.

12. The game of Cerceau was very popular in wordly circles in (pre-revolutionary) Russia, both among adults and among children. Nowadays it can be bought in toy shops, and children learn it in kindergarten. The text of the Cerceau song was written by Nikolay Agnivtsev,

a poet from the beginning of this century.

13. I don't want to specify whether Liza and Koka belong to the aristocracy. Liza might, but Koka is a doubtful case. His entire role actually revolves around his own romanticisation of the stories he tells about his past. He has lived a long, complicated life, and it has become hard for him to keep truth and fiction apart in his memories. Now, at eighty, he has the impression that his youth was beautiful and romantic, but the question remains whether it really was. This duality in Koka is beatifully expressed by Petrenko.

14. A similar thing applies to Lars. That's his secret as a character in the play: is he really a Swede, or is he just pretending? In the last act, all the characters seem in fact to have changed into someone else, they are no longer the people they were at the outset. The audience should decide for itself who they really are, deep inside.

15. About the name Petushok (rooster): the same thing applies as in the case of 'The Cherry Orchard'. I was not thinking directly of Gogol while I was writing. But deep within me that word was certainly connected to something frivolous, something childlike and helpless. I don't know any German equivalent, but it should have a 'comical effect', as you write. Something comparable to what it evokes in Russian in connection with the names Vladimir Ivanovitch and Pasha.

16. You mention the problem of the German audience's unfamiliarity with a number of aspects of our reality, and indeed that is a complicated matter. I don't think it should be solved by explanations within the text, but by using German equivalents. Let's take the problem of Nadya's cooperative house. According to our laws, someone who does not live there officially inherits a sum equivalent to its original building costs, but not the house itself. In the piece, someone answers: 'You can't inherit a cooperative'. But I really don't know how to explain that to a foreign audience without violating the textual structure. Perhaps by including comments in the printed

programme? We will have to exchange further letters about such passages. It would be even better if you could come to Moscow for a few days, so we could discuss things. Everything I write is obviously intended for the Soviet audience and readers, and of course not everything is comprehensible to a foreigner.

About the reactions to 'Cerceau' in the press. I believe the best article about the play was published in 'Theatre Life', nr. 5, 1986. If you can't find it I can send you a copy, but it will take some time. I should also like to draw your attention to two articles in 'Teatr' magazine; one in nr. 3, 1986 by N. Velechovaja entitled 'The Good, The Beautiful, The Bad', and one in nr. 12, 1985 by V. Goeltsjenko entitled 'Oncoming Traffic'. These articles contain passages about 'Cerceau'.

About myself: in addition to plays, I also write humurous stories. I mainly publish in 'Joenost' magazine, and in the 'Literatoernaja Gazeta' (on the back page).

Some more information about myself at your request: I was born in Moscow in 1935. In 1958 I finished my studies at the Moscow Institute of Railway Engineering, and went on to work as a construction engineer (three years on construction sites, and two years in the office). Since 1963 I make my living as a writer; I am a member of the Writers' Union of the Soviet Union. From 1967 to 1984 I presided over the 'satire and humour' section of 'Joenost' magazine. My stories and columns appeared in many periodicals and newspapers, and my plays were performed in student theatres.

In 1979, my play 'The Grown-Up Daughter Of A Young Man' was performed for the first time in the Stanislavski Theatre in Moscow, under the direction of A. Vasiljev, and it has since been performed in many theatres in the Soviet Union and abroad. In 1985, 'Cerceau' was first performed in The Taganka Theatre. In 1983, Sovjetskaja Rossija published my book 'Plays' (together with L. Petroesjevskaja). I wrote screenplays for various animation films – 'Iskoestvo kino' magazine nr. 6, 1986 contains my script 'Black And White Film', which received a number of prizes at international film festivals. My plays 'A Rotten Apartment', 'Frost', 'The Painting', and 'The Orchestra' are available through the VAAP, and were all published in drama collections by Sovjetskaja Rossija. The rights of 'A Rotten Apartment' were acquired by the Austrian-German Thomas Zesler Verlag at the time; it was performed in Austria in 1982. I think I have answered all your questions. I hope you can come to Moscow. In September-October I'm expecting to be in Moscow, although I may be out of town for a while between 10 and 20 October. In October, the Taganka Theatre will open its season with 'Cerceau'.

Yours sincerely,

Viktor Slavkin.

Viktor Slavkin

CERCEAU

A PLAY IN THREE ACTS

FIRST PERFORMANCE TAGANKA THEATRE (MOSCOW)
JULY 4TH, 1985
TRANSLATED BY THEA HAGEMEIJER
WITH LOUIS SMIT AND RODERIC LEIGH

CERCEAU
by Viktor Slavkin

CAST

Petushok	A. Filozov*
Valyusha	L. Poljakova
Vladimir Ivanovitch	J. Grebensjtsjikov
Lars	B. Romanov
Nadya	N. Andrejtsjenko**
Pasha	D. Sjtsjerbakov
Koka	A. Petrenko*

* Distinguished artist of the RSFSR
** Distinguished artist of the RSFSR, winner of the Komsomol Prize

The play uses music by A. Ammons, P. Johnson, Mid Lucks Lewis, A. Parsons, the Emerson versions of 'Daddy Boogie', 'Pinetops Boogie Woogie' and 'Honky Tonk Train Blues', 'Surrender' as sung by Elvis Presley, a jazzcomposition by R. Runnap, 'The Sebastopol Waltz' by K. Listov and the 'Verandah Piece' by A. Tsjernjavski.

Extracts from letters by A. Poesjkin, A. Gribojedov, M. Tsvetajeva, O.L. Knipper-Tsjechova.

Direction _____ Anatoli Vasiljev
Set design _____ Igor Popov
Choreography _____ G. Abramov
Musical direction _____ A. Zatsjosov
Musical coach _____ G. Joerova
Music:
Blues_____ I. Bril
'Cerceau Song' _____ B. Grebensjtsjikov
Musical consultant _____ A. Kozlov*
Cerceau Game _____ A. Kiss
Photography _____ A. Sternin
Costumes _____ I. Popov, M. Koroljova
Assistance direction _____ V. Berzin, B. Joechananov,
O. Joesjkova
Lighting _____ I. Danitsov
Sound _____ V. Afonin, A. Zatsosov
Properties _____ V. Visjnjakova, L. Bazanova,
S. Zelenski
Dresser_____ T. Romanova
Technical crew _____ N. Krajoesjkin, S. Tisjkin,
S. Korotejev, M. Serebrjanikov
Company translator _____ J. Miklailovna
Company director _____ A. Osokin
Administration_____ V. Skorik

Cerceau is produced in Holland by
Stichting Mickery Workshop (Amsterdam)
Cerceau is produced in Germany by Theater der Welt (Stuttgart)
Cerceau is produced in England by the London International
Festival of Theatre

Act One

Friday night. In a summer house with boarded windows a group of people arrives. Four men, two women. Central figure is Petushok, 'rooster' in Russian, a nickname. He inherited the house from his great aunt and has invited some guests for a weekend in the country. The youngest is Nadya, 26 years old, one of Petushok's neighbours in the city. The others are a little over forty years old. Vladimir Ivanovitch is an engineer and Petushok's boss. Valyusha works in a library and eleven years ago had a love affair with Petushok. Lars is a stranger, whom Petushok met on the street the day before. Pasha is a historian who works as a door upholsterer. A bottle of champagne is smashed. The guests disperse. It becomes apparent that Petushok has brought them there under false pretences. The guests prepare to leave again, but stay when Petushok in a hysterical outburst cries: "I am forty, but I do look younger! I've never had a place of my own! A house of my own! Never!" Petushok explains that, although they don't know each other, he has invited them with the idea to 'occupy' the house as colonists and live there forever. There is music and dancing, memories are evoked. Petushok and Valyusha are reconciled. Lars relates that he is from Sweden and came to Russia because he loves the country. Then the guests notice an outsider has entered the house. It is Nikolaj Lvovitsj Kreksjin, named Koka. When Nadya appears on the verandah, wearing an old dress of Petushok's great aunt, the old man thinks he is seeing an apparition from his earlier life. 'Liza, Lizanka... Dear God! How do you come to be here?' he asks, stretching out his hands to her. He faints.

Act two

Saturday night. The 'colonists' sit with Koka at a festive dinner on the verandah. Old letters and postcards are passed around. It is the correspondance between Koka and the young Lizanka, Petushok's great aunt. Nadya reads out loud love letters in a grandiloquent, lyrical style. While reading Nadya seems to turn into Lizanka. Everyone enters into the spirit of the game. Personal messages are exchanged, in the form of letters. A never-sent letter by Lizanka is found, in which she breaks with Koka because of his riotous life in Sebastopol. Koka says that they reconciled. After a conjuring trick by Lars, his only inheritance from his grandfather, Koka also wishes to reveal something personal and sings the Sebastopol waltz. They discuss old games and Koka remembers former times of wealth and carefree days, when he hid in the attic of the house the old game cerceau. Everybody starts looking for it while Pasha and Koka stay behind. Pasha suspects that the old man is up to something. After the song 'Because that's what every boy likes' is sung, Koka tells that he was married to Lizanka, who had forgiven him for his wrong ways. But after eight days he had to go to Irkoetsk for some months and never went back to her because of a more serious indiscretion. Pasha realizes that Koka, because of his marriage with Liza, is the legal heir of the house. He insinuates that he could buy the house from Koka, to improve his poor living conditions. 'They will not live here' he says about the 'colonists'. 'They will play cerceau and leave. Everyone will go their separate ways and the house will be lost. Koka seems to pay no attention and talks about his granddaughter. At this moment Nadya appears with the cerceau game. Koka is impressed. The others appear. They sing a nostalgic song and want to play the game. Then Koka interrupts, pressured by Pasha, saying that he has been married to Lizanka, and Pasha tells that he now is the owner of the house. The cerceau game is burned.

Sunday morning. Fog. The 'colonists' wander through the garden. Lars and Pasha are reading. Gradually the guests arrive with their suitcases and bags. Pasha asks if they have noticed the door he upholstered earlier that morning, and sees that they are all about to leave. He watches them sadly. The party is over. Pasha proposes that they all stay to live in the house. There are no reactions. Koka returns from a walk. He tells them that he has burned the marriage certificate, that he has destroyed his rights to the house. He apologizes. Pasha says: 'Unpack the suitcases. The season is not over yet.' But to no avail. Nobody has the strength to start a new chapter. Vladimir Ivanovitch looks back on his life, as does Valyusha who tells of her past marriage. Nadya says that she will marry a helicopter pilot. Lars talks about a trip to Miami and mingles details of the daily life in Russia with those of life in the United States.

The 'colonists' propose to Koka that he stay in the house and live there with his granddaughter. Koka rejects the proposal. The house is boarded up again. It's the end of an experiment. Or not? There is a glimpse of hope in Valyusha's last words: 'I thought... it occurred to me that we could live in this house now.'

CHARACTERS

PETUSHOK.
    Sometimes called Pjotr or Petya, nicknamed 'Rooster'
VALYUSHA
VLADIMIR IVANOVITCH
LARS
NADYA
PASHA
KOKA

Friday night.
An empty wooden house. Its windows boarded shut from the outside. Old fashioned furniture under covers. Everything looks neglected. It is obvious that no one lives there.
The sound of an engine. A car is approaching. The engine stops. Car doors are opened. We hear voices. The thud of an axe, and again and again. The boards and planks are removed from the outside of the windows and doors. A couple of more thuds and suddenly the front door opens.
Several people enter the house all at once.

PETUSHOK Come on in!... This is all mine now!

NADYA I cannot believe it! The world is an unfair place.

VLADIMIR IVANOVITCH *(to Nadya)* Let me take that bag of yours. *(He relieves her of an enormous bag and puts it down beside him.)*

PETUSHOK Make yourselves at home.

VALYUSHA At last our Rooster stretches his wings. Who would have thought it — Petyunchik a house owner! A bit late in the day though, isn't it.

VLADIMIR IVANOVITCH No it isn't, we have all the time in the world.

PASHA If you invest a couple of thousand in this it might be worth living in.

PETUSHOK Invest. Why should I?

LARS No way! Much too risky.

NADYA Lars, is that a first name or surname?

VALYUSHA *(to Lars)* What do you think he should do?

PETUSHOK His first name, his first name.

LARS Take a deep breath. ... Ah... smell that. Air that smells... pine, old wood.

PASHA Exactly, I told you it should be redecorated. A

couple of thousand will go a long way.

PETUSHOK You and your thousands. How do I get them? I owe this house to a little grandmother, may she rest in peace.

NADYA My grandmother died too. But I won't get her house. They say you cannot inherit a cooperative house. Is that true Vladimir Ivanovitch?

VLADIMIR IVANOVITCH It's a very complicated business.

NADYA I'm so stupid where those things are concerned.

VALYUSHA But Petushok I thought your grandmother had died a long time ago.

PETUSHOK Yes, this was my great aunt. Elizaveta Michailovna. I didn't even know her. She had to trace me. It appears I am the last living member of our family. Not a very fertile family.

VLADIMIR IVANOVITCH Investment, that spells real trouble. You can wait the rest of your life for the interest. I myself, I never invest a penny.

VLADIMIR IVANOVITCH Neither do I, only on purely idealistic grounds.

PETUSHOK What kind of amoral attitude is that?

VLADIMIR IVANOVITCH Oh, I feel that family of yours will continue here.

VALYUSHA He should have had such a place sooner.

VLADIMIR IVANOVITCH Why sooner... He is forty, but does look younger.

VALYUSHA Yes. Our little Rooster is well preserved.

VLADIMIR IVANOVITCH Rooster, you are forty, but you look younger.

LARS Are you forty years old?

NADYA Aren't you acquainted with Pyotr Vyacheslavovich?

LARS In any case I'm glad I came along. *(to Valyusha)* What about you?

VALYUSHA To a certain extent. To about hundred percent, not more.

(Pasha goes over to a couch and takes off its cover.)

152

PASHA A museum piece.

NADYA Really?

PASHA Sixteen hundred...

NADYA Oh seventeenth century!

PASHA About sixteen, seventeen hundred is what he would get for it from any museum. *(to Nadya)* I could determine its age too, but not with the same degree of precision.

NADYA Are you a historian?

PASHA It is one of my hobbies.

NADYA How interesting!

PASHA Imagine, Miss Nadya, it is 1801, the night of the eleventh and twelfth of March. Into the little retreat, in which the Imperator Paul I usually sleeps, his officers enter. They awake Paul, who at first thinks he is dreaming, then realizing what is happening, he begs for mercy. Then Michail Zubov, a strong man, hits him on his left temple using a gold snuff box. Paul falls, but manages to grab hold of the leg of a couch, this couch...

NADYA This one?!

PASHA Imperator Paul I used to call Princess Anna Gagarina "My little smile".

PETUSHOK Anyway you can put your bags on it, I'm not going to sell it, I'll sleep on the year 1801.

NADYA And what happened to Paul?

PASHA They tried to pry his hands from the sofa leg. It didn't work, then they took a sash and strangled him.

NADYA And he died?

VLADIMIR IVANOVITCH *(inspecting the sofa)* It is a bit narrow. Isn't it convertible?

VALYUSHA Room enough for Rooster. All his life he had to sleep on a small couch behind the cupboard. Now he will fit into anything.

PETUSHOK That couch wasn't as narrow as all that...

VALYUSHA It was, Petjenka, it was. You were stuck in it, you couldn't move.

LARS I have an apartment of my own — so what? I only sleep in it. A three-roomed night shelter with two loggias, a view of the sea and my own entrance.

NADYA You too had family that died?

LARS No, I didn't.

NADYA How is that possible then?

LARS What? What do you mean?

NADYA A three-roomed apartment for you alone.

LARS But I'm hardly ever there.

PETUSHOK Yesterday. A warm evening, a flashing neon sign — red, green, red, green. About three o'clock. An empty street. No cars anywhere. And in that empty street a man is at a traffic light, waiting till it turns green, so he can cross the street. That man is standing there, and the lights are flashing. His face turns red, green, red, green... I wait till his face is red, walk towards him and say, "Would you like to come to my summer house tomorrow?" He turns green and says, "Yes".

PASHA Perhaps the smell of camomile is worth more than the dust of ages? You reveal the secret of the murder of Paul I, but the flowering of the water lillies escapes you... Although when the water lillies are in flower, I stop all my researches.

NADYA Are you a biologist?

PASHA I'm interested in living nature.

VLADIMIR IVANOVITCH At home I have a ficus in a pot. I inherited it from my aunt. I don't like pot plants but then again it used to be my aunt's.

LARS I usually say yes immediately — just like that. If someone suggests something unexpectedly, I say yes immediately.

NADYA And then?

LARS And then "si".

NADYA (smiling) And then?

LARS And then "Oui".

NADYA We?!

LARS That is French. But I prefer to say "Yes" in Swedish or in German.

NADYA Are you Swedish?

LARS I come from the Baltic.

NADYA *(roaring with laughter)* Oh Lord help me, a Balt!
PETUSHOK If we open the windows a little bit, sleeping here will be delightful. If you sleep somewhere for the first time, your dreams will come true.
VALYUSHA What good does that do! Anyway, I never dream. I close my eyes, everything becomes black, and when I wake up it is morning again. And I have no idea what happened during the night.
NADYA Oh. I always have the most horrifying dreams. The other night I dreamt of a moustache. Just a moustache without a man attached to it. Terrifying!
VLADIMIR IVANOVITCH Then next time take a pair of scissors to bed with you. If the moustache appears again... chop!
NADYA That is still more terrifying.
PETUSHOK Nadya-Nadyenka, my rubbish chute neighbour. We always throw our rubbish out together, it so happens... I always let her go first.
NADYA But I don't have any rubbish, just chocolate wrappers.
VLADIMIR IVANOVITCH So you like sweets?
NADYA That's bad, isn't it?
VLADIMIR IVANOVITCH I saved you a sweet. *(gives her the sweet)* I too like sweets, even though I have a moustache.
NADYA *(after looking at Vladimir Ivanovitch)* Oh!!
VLADIMIR IVANOVITCH Do you recognize my moustache?
NADYA It looks like it... *(takes the sweet from Vladimir Ivanovitch)*.
VLADIMIR IVANOVITCH It is a good thing that Petushok dragged us here. In the city one eats dust, even on a Sunday. That is if nobody invites you to a datcha.
LARS To forest and meadow where the little brook babbles, there is my village, there is my home!
NADYA *(to Vladimir Ivanovitch)* Listen to that, he is supposed to be a Balt. He knows all the propaganda.
PETUSHOK *(walks towards Vladimir Ivanovitch , puts his arm*

around his shoulders) Together at our place of work, together while we are out. Pleasure resorts, gravestones, memorials... "Rooster and company".

VALYUSHA *(to Vladimir Ivanovitch)* What's our Rooster like at his place of work?

PETUSHOK Oh please!

VALYUSHA You are his superior, aren't you?

VLADIMIR IVANOVITCH Well, that's putting it too strongly. Rooster is an engineer and I'm a chief engineer. If they make Rooster a chief engineer too, we will be equal again.

PETUSHOK But I will keep calling Vladimir Ivanovitch Vladimir Ivanovitch, because he is such a respectable person.

VALYUSHA And you will forever be Rooster Petushok, even though you own a summer house.

VLADIMIR IVANOVITCH What does it matter what we are? We are not at work now, are we? My name is Volodya. And I hope that soon someone will call me Vova.

LARS I wanted to be on first name terms with you right from the start. I thought to suggest it in the car... We are all the same age aren't we?

PASHA Never say that to a woman. That is an insult in all instances.

NADYA Oh, I'm twenty-six already, but I'm so stupid where those things are

VLADIMIR IVANOVITCH We will teach you.

NADYA My contemporaries are so stupid. Pasha, while we were driving here you told us such interesting things about those painters... well, those French painters who went into the forests... what are their names again... I can never remember names... the Robinson school?

PASHA Barbizon.

NADYA I would never have found that out otherwise! As soon as I get back, I'll go to the library and get a book about it.

PASHA Beware Nadya, of library books. Especially the ones about art. Dirty pages cannot describe beauty.

NADYA It is easy for you to talk! Where can one get books nowadays? Are you an art historian?

PASHA Partly.

NADYA You are so versatile!

PASHA I'm an art historian, biologist, historian... But in daily life I upholster doors.

NADYA What kind of doors?

PASHA Of new residents. "Aurora Ltd., the Tops in Tidiness."

NADYA You are joking...

PASHA No joke. One-sided upholstery will cost a lilac note, for double-sided add a pink one. And then I have some customers of my own. Rooster, did I do you double-sided?

PETUSHOK *(shouts)* Total sound insulation.

NADYA Is a twenty-five note lilac?

PETUSHOK A three-ruble note is green, that much I know.

PASHA I don't like threes. An unhealthy colour. The green of decay. For me there is first the ruble and immediately after that the fiver.

NADYA So it was... Barbizon.

PASHA I'll give you the book. Do you read French?

NADYA We used to do English at school... but badly. "Take it easy and keep your smile."

PASHA Right, I'll try and get it in Russian.

NADYA I'm sorry, I thought you were an art historian.

PASHA I studied history. I'm a qualified historian. I love history.

NADYA And what about those doors?

PASHA Those doors, I upholster them.

VALYUSHA Last year Valerka the paperhanger came to paper my room. "Lady," he asks, "where do you work?" "At the library," I say. "What do you earn?" I tell him the salary of a reviewer of scientific work. "Then you'd better start working for me, then you can do as you please."

(Pasha walks towards the wall, where there is a tear-off calen-

157

dar. Passionately he starts tearing off the pages one by one. It seems as if he is looking for a particular one. He finally reaches it.)

PASHA *(tearing off the page)* Grey wins and begins. Who said that? *(throws the page to the floor)*

PETUSHOK *(retrieves the page)* 24th December, 1982. Poor old aunt!

PASHA I don't care about the money. Although it does matter.

VALYUSHA *(looks at the calendar)* In a week it will be New Year... There is a Christmas tree on the Champs-Elysées.

PASHA After graduation I found work at some institute or another. Work is not the word really, I used to roam the corridors. I used to sit at a desk, I'd smoke my cigarette on the stairs. Lots of fun, but I've never been so bored. What I am doing now is a lot better.

VALYUSHA But surely you are over-qualified.

(Pause)

PASHA I slipped down the promotional ladder. How many rooms are there? *(goes out)*

LARS *(reading the back of the page)* The historian N. Linder M.A. sent us a problem that interested Lunacharsky: White: King f5, Queen c4, Bishop h2; Black: King b7, Mate in three.

PETUSHOK *(vehemently)* Enough for everyone. Everyone can have a room of his own!

VLADIMIR IVANOVITCH As far as I'm concerned I don't mind sharing with anyone. *(goes out)*

VALYUSHA Girls to the right, boys to the left. *(goes out too)*

PASHA *(returning carrying a bottle of champagne)* Three crocodiles are swimming in the Nile, two green ones, the colour of a three-ruble note, and one as blue as a fiver. Then a traveller falls from a boat. One crocodile grabs the traveller and eats the papers from his inside pocket, the second rushes towards him and eats the money that has been sown into his trousers. Says the third one,

"That is not my style," and eats the traveller.

NADYA Are you a philosopher?

PASHA I upholster doors.

NADYA I'm sorry, I still don't understand everything.

PASHA That's all right.

(Pasha walks towards the window, opens it and smashes the bottle against the wall outside — crash)
(Pause)

LARS *(looking at the pages of the calendar)* Why did this interest Lunacharski so much? Mate in three... We can do it in two.

PETUSHOK *(pointing at the window)* There is a garden too, full of fruit.

LARS The most important things on a tree are not the fruit, but the leaves. Without apples it is quite possible to stay alive, but without oxygen, never!

NADYA I can't eat apples. They give me a rash on my neck.

VLADIMIR IVANOVITCH We shall pinch some pineapples for you from the orchard of a collective farm.

PASHA Petushok, can I leave my car in that shed? Is it yours?

PETUSHOK *(unexpectedly cordial)* It's yours.

PASHA What do you mean?

PETUSHOK I mean of course, by all means put it there.

(Pasha goes out.)

VLADIMIR IVANOVITCH *(to Nadya)* Would you like to choose a room?

NADYA Ah, it's all the same to me.

VLADIMIR IVANOVITCH You should not say that. I might lose interest in you.

NADYA Why?

VALYUSHA Nadya, you don't know men.

NADYA How interesting!...

VLADIMIR IVANOVITCH *(offering Nadya his arm)* Hold on tight, the stairs are very steep. If we fall, let's fall together.

(They climb the stairs to the landing.)

VALYUSHA *(tears the remaining pages off the calendar)* Twenty-five, twenty-six, twenty-seven, twenty-eight, twenty-nine, thirty... C'est tout!

LARS One should stick to the rules of traffic. Not because of public safety, but for oneself. This does not restrict one, on the contrary, one is freed. He, who crosses the street when the lights are green, can write poems as much as he likes, solve the most mathematical problems, love a woman,... His entire organism is at his disposal. And he is free — he is given the green light. But should he cross, when the lights are against him, then all his powers, abilities and talents are working to avoid his being run over. Even if at that moment, in his head, he is thinking of something completely different, his organism is taken up with the struggle for survival and his thoughts are not whole. What is the use of that? *(walks out of the house fast.)*

(Pause)

VALYUSHA What are you up to?

PETUSHOK Nothing, Valyusha.

VALYUSHA But I can see it, you are up to something. You are as white as a sheet. Why did you organize this comedy? What do these people mean to you?

PETUSHOK As much as you do.

VALYUSHA Ah Petushok, my beautiful moth-eaten Rooster. So quiet and friendly... but you know how to hurt a woman. So to you we are all the same. Me and even that moonlighting Barbizonian?

PETUSHOK Pasha is a very interesting character. Different from the others. He earns loads of money and spends it on books and paintings... At home he has a complete museum. Bestuzhev-Marlinsky's snuff box is his.

VALYUSHA When you rang me last night I was almost struck dumb. Fifteen years ago!

PETUSHOK Eleven.

VALYUSHA When I was young I needed a year to fall in love and another year to get over it. With you it took me a year to get over it...Remember what you told me, "I can see no perspective in our relationship." I could not believe it — "Perspective."

PETUSHOK After that I got drunk.

VALYUSHA You proved yourself a true friend.

PETUSHOK So after that you've never... not in any way... nothing at all for me...

VALYUSHA Hardly at all. A little bit sometimes. Oh look our Petyunchik is pouting.

PETUSHOK I was in technical college. The word "perspective" was the first to come to mind. I was so nervous.

VALYUSHA Oh dear, he was nervous. I should have calmed you down... "It's all right Rooster, don't get over-excited". Instead, with my skin as thick as an elephant's, I slam down the receiver. I should have calmed you down... "Take care of that poor pale body of yours." That is what real women do isn't it?

PETUSHOK Stop it.

VALYUSHA In summer you never used to wear short sleeves. You were afraid that everyone would see your skinny white arms. A little riding crop on each side.

PETUSHOK That'll do.

VALYUSHA Naughty little arms.

PETUSHOK Shut up.

VALYUSHA Then again, after that I heard many more incredible things from men. Your "perspective" didn't even compare.

(Pause)

PETUSHOK I still don't like short sleeves.

(A long kiss.)

VALYUSHA Strange, the phone at home must have been changed a hundred times, but when you rang yesterday I still heard the same old ringing.

PETUSHOK I know, there is nothing. Except that which is already there. With you I had an affair. With Vladimir Ivanovitch I share a place of work. With Nadya I use the rubbish chute. With Pasha...

VALYUSHA Not a bad chap, that Pasha. Money suits a man. *(goes into the garden)*
(From one of the rooms upstairs Vladimir Ivanovitch comes down the stairs.)

VLADIMIR IVANOVITCH Petushok, a minute please. I'd like a word with you. What do you want?

PETUSHOK What?

VLADIMIR IVANOVITCH With that Nadya. She doesn't have an inkling. She doesn't even know me. What did you want?

PETUSHOK What?

VLADIMIR IVANOVITCH Are you leading me on? This is the first time she has laid eyes on me. And what do you tell me? That she noticed me when I was at your place. That she fancies me, that she wanted to get to know me... Fancies me... did you lie?

PETUSHOK She is shy, Vladimir Ivanovitch. She is a young girl... Just give her a little time. Court her a little, you'll think of something.

VLADIMIR IVANOVITCH I'm too old for that. You had promised me something and I had counted on that.

PETUSHOK On what?

VLADIMIR IVANOVITCH That I wouldn't have to do a thing.

PETUSHOK Well, don't do a thing then. This is the "weekend", take it easy and relax.

VLADIMIR IVANOVITCH She keeps going about a co-operative house, whether it can be inherited or not. How do I know? All that nonsense. You have deceived me.

PETUSHOK You're not a saint yourself, you know.

VLADIMIR IVANOVITCH Did I ever promise you anything?

PETUSHOK Together at our place of work, together when we are out and about...

VLADIMIR IVANOVITCH Out yes. But I like it to be fun and useful and not by myself.

PETUSHOK Are you by yourself?

VLADIMIR IVANOVITCH Personally, I am alone at this moment.

PETUSHOK Just wait...

VLADIMIR IVANOVITCH I'm leaving.

(Nadya appears on the landing. She is wearing a long grand-motherdress, the colour of tea roses, with lace, flounces, frills and all the old-fashioned rigmarole.)

PETUSHOK There is Nadyenka!

VLADIMIR IVANOVITCH I'm leaving!

PETUSHOK *(to Vladimir Ivanovitch)* You'll see...

VLADIMIR IVANOVITCH I have already seen it. *(exits)*

PETUSHOK Well, Nadyenka, was it fun upstairs?

NADYA Pjotr Vyacheslavovitch. Your arm please, the stairs are very steep. *(comes down the stairs awkwardly playing the grande dame)* What excellent weather, isn't it?... But you have deceived me, Pjotr Vyacheslavovitch.

PETUSHOK My little smile. Did I really?

NADYA I trust people much too easily. I'm so inexperienced... I believed you... I thought... You had told me... that he knew everything about cooperatives, that he would help me, advise me... I don't know anything about it... and neither does he.

PETUSHOK We will solve this housing problem. I promise you.

NADYA It is wrong to deceive a poor girl. *(The grande dame again)* I've had a migraine all morning and then my gout started troubling me.

PASHA I'll take you there.

VALYUSHA I have to go to the station too.

PASHA I could drive straight to town. I think everyone is going in the same direction.

PETUSHOK Pasha, are you leaving too?

PASHA I don't really like that shed of yours after all. It doesn't even belong to you. You share it with your neighbour. Not the nicest way to cheat your friends. And why did you drag me out of town. In my line of work the weekends are very important. *(He walks towards the car.)* "You can buy a house, Pasha, you can buy a house Pasha"...

PETUSHOK Yes, I deceived you all!...

(Sound of an engine starting.
Petushok hesitates for a second and then suddenly acts. He runs after Pasha, trying to overtake him. He does overtake him and they struggle.)

I'm forty... I'm forty...

VLADIMIR IVANOVITCH So what? I'm forty-two, so what?

VLADIMIR IVANOVITCH But I do look younger!! I'm forty but I do look younger. I've never had a place of my own! A house of my own! Never!

NADYA What a way to treat your friends.

VALYUSHA He's got a complex about houses.

PETUSHOK Nobody ever came to my birthday!

NADYA Is it your birthday today? Many happy returns.

(Struggle. Pasha carries Petushok back into the house in his arms and puts him on the couch.)

PETUSHOK *(calmed down)* Forty plus forty that is one ruble forty.

LARS *(appears on the verandah)* "Attention"... My grandfather was a vaudeville artist. During the performance he walked into the audience, found someone of one nationality or another and moved him to tears by addressing him in his own language, but meanwhile, the person he had chosen never understood a word of what was going on, although he would be prepared to swear it was his own language. My grandfather used to imitate the sounds of the language. He created an apparent sound effect. "Do you understand me?..." Only with the Russians it didn't work. He knew Russian. And if he chose a Russian, he used to have an ordinary conversation in which he always used to ask after that famous city of Tobolsk. You may wonder why I speak Russian without a trace of an accent — I've inherited the ability to imitate sounds. *(gives a demonstration)*

(Petushok jumps up and disappears into another room. Fierce piano playing from that direction: a boogie woogie)

PETUSHOK I used to live in one room with my mother and father, narrow and long like a tram. It was all cluttered up. And my little couch fitted exactly between a recess in the wall and the cupboard. When my mother opened the cupboard in the mornings, my couch and I moved, we were moved a little bit to the side, about three millimeters. These three millimeters drove me wild. The door of the cupboard opened, pushed against the edge of my couch which moved, and so did I. Nothing could be done about it. It was the only way our furniture fitted into the room. So there I was, moving three millimeters one way and three the other. Till I was thirty-four. Then my mother died and the door wasn't opened that much anymore... Why am I telling you this?... Briefly, I thought you wouldn't come with me just like that. I didn't believe it could happen, just like that, without a reason. And now you can all go. *(to Lars)* There is no brook here. Do you hear that, you Balt. There is a forest, but no brook.

(Pause)

PASHA Strange, the forest here. I just had a look. From afar it reminds me of a Japanese print. Hiroshige has something not unlike it.

LARS What! But you said... You even told me the name. The Vilyuika or the Vilyaika...

VLADIMIR IVANOVITCH Valyushka.

VALYUSHA Is it far, this forest of yours?

PETUSHOK Two, three kilometers. And a half.

PASHA I could drive you there. I'd like to see if that forest of yours also looks Japanese, close-up.

(Petushok sits himself behind the piano again. Again we hear a boogie woogie)

LARS What? No, what nonsense. You should walk those three, four kilometers barefoot... Through bare feet all static flows towards the earth. You know, "Technology for Young People" — read it?

VALYUSHA *(taking off her shoes)* **Alright, then let it flow!**

VLADIMIR IVANOVITCH **I catch cold easily.**

NADYA **And I always step into something nasty.**

PETUSHOK **I just wanted to say... just so you know...**

when you return from your walk, the house will be at your disposal.

NADYA Three and a half kilometers, how many bus stops is that?

VALYUSHA I haven't been in a forest for ages.

VLADIMIR IVANOVITCH It is full of mushrooms now...

NADYA I don't know anything about mushrooms: ink mushrooms, stink mushrooms.

PETUSHOK No you don't understand... I brought you all together because we have something in common. You are all... everyone of you... me too, we are all alone.

NADYA Why? One, two, three, four, five, six.

LARS Oh dear, she has added us together!...

PETUSHOK Now we are six. Now we are together. But as soon as we are not together anymore we are all alone. I'm alone, you're alone, she is alone, we are loners.

VALYUSHA Do you mean single people or something like that?

PETUSHOK I didn't want to use that word. Before the elections an agitator came to our place. I'm sitting in my room and I hear him ask someone in the corridor "And who lives there?" He was talking about my door. The neighbour says, "There lives a single person." It frightened me.

NADYA I tried a cat once. She ran away. She preferred the tomcats by the rubbish heap.

PETUSHOK You can have a family or be single but there is a third posibility — living together with a bunch of unattached adults. We are not dependent on each other but we enjoy being together. We have a house of our own and that is where we live. With a bunch of people. *(to Nadya)* By the way, there is the solution to your housing problem.

PASHA "We have a house of our own," — do you mean this house?

PETUSHOK Pasha will get the biggest room with the most light. Bring your books here and your paintings, as far as I'm concerned hang them throughout the house.

Why buy another house? In that way we can all enjoy art and old things and each other. Inside or at the back of the garden. What can be more beautiful than living together and enjoying each other every day?

LARS Madam, I'm Adam... Write it down. You will see it says the same backwards and forwards, Madam I'm Adam. Try it!

PETUSHOK In America I read once that they locked a few neighbours into a room, people who lived in separate houses and had hardly seen each other for ages. It was an experiment. They had to spend all day in that room. And what they said afterwards... "I thought it was an indescribable experience when I touched Mr. Johnson's shoulder and asked how his mother was doing." Another one said, "I was very pleased when Mrs. Smith stepped onto my toes, excused herself and we started a conversation about our children." When we are fifty it is too late, but when you are forty, you can still risk something. Damn it. At first we will just spend the weekends here, then we will have a holiday and then...

LARS You whispered: and then, and then?

PETUSHOK Maybe we will live here together permanently.

VLADIMIR IVANOVITCH After our retirement?

VALYUSHA A perspective!

NADYA I can give you a wig from the time of Paul I — grey with a little plait and a black ribbon.

VALYUSHA I wish someone would write a book about an unhappy but cheerful woman.

PASHA If you put "Paul" on your head interesting things will come to mind.

LARS I'd say yes immediately.

PETUSHOK We are forty already, it is time we thought about when we will be fifty, sixty, seventy...

PASHA "We" is incorrect. Nadya is only twenty-seven.

NADYA Oh I'm so stupid where those things are concerned.

PASHA She still has your whole life before she is eighty.

VALYUSHA Keep out of this. For women there are different figures.

PETUSHOK We will touch each others' shoulders, elbows...

VLADIMIR IVANOVITCH Step on each others' toes.

PETUSHOK Yes and with pleasure, wholeheartedly step on each others' toes.

LARS I'm Swedish, boys, a real Swede, from Sweden! I live in Stockholm. I have a three-roomed apartment there, I have a tree root looking like Khazanov the cabaret player, a guide to Tobolsk, an extension of the Baltic sea right under my window. I didn't want to tell you, I was afraid that you would be shocked — a Swede in the Russian countryside... But now that we have become such good friends! So I'm a Swede. You may wonder how I got to be here? I have a Russian wife, or rather I'm getting a divorce. And when I met Petushok while crossing against the lights, I just like that!... You will ask why doesn't this man return to his permanent residence immediately, to Sweden? Well this man will tell you. This man loves your country. He collects all the roots that look like your popular artists, he reads "Technology for Young People"... After the battle of Poltava an ancestor of this man was captured by your Tsar Peter and banished to Tobolsk. There this ancestor built the cityinteresty or whatever it is called... interest... I mean the treasury building, which you can see in a picture in the guide to Tobolsk, Eastern Siberian Publishers, 1978, page 112. From Tobolsk my ancestor brought a Siberian gypsy and lots of her children to Sweden. Or rather he first took them to Northern Italy and later towards the end of his life he took them to Sweden. That is why I consider myself a man from the south. It may have been Northern Italy, but still... And our artists' blood we get from that gypsy. My grandfather even toured all the European vaudeville theatres with his original acts. I'll show you some later.

NADYA What kind of woman is your wife?

LARS She married me to get to Sweden, and I married her to be able to stay in Russia.

NADYA And did they let you?

VALYUSHA Hurrah, we are advancing, the Swedish must retreat!

VLADIMIR IVANOVITCH Hey, granddad, who are you looking for?

(Only now do they realize that an outsider has joined the company. He is an old man. Almost eighty, but his person is straight and upright. He is even somewhat elegant, although his clothing does not suggest it.)

OLD MAN I knew the secret of the gate... How to enter. I apologize. I apologize again. Don't push the handle down but pull it up a little, somewhat to the right and then pull. But very carefully, if you pull too hard it will slam shut again.

PASHA "To my dear Lizanka from Koka."

OLD MAN I received a letter, in an unknown hand.

PETUSHOK Brjansk, 43 Astronaut Street.

OLD MAN 34, but the post found me.

PASHA "To my dear Lizanka from her loving Koka."

OLD MAN I had a place in the corridor. Lots of walking up and down all night long, coats in my face.

VALYUSHA We've only just arrived.

OLD MAN I thought so. Let me introduce myself. Nikolay Lyovovitch Krekshin. Elizaveta Michailovna used to call me Koka. All the Nikolays in our family were called Koka.

PASHA *(to Petushok)* There, upstairs, there is a picture on the dressing table. *(to Koka)* Your portrait, your profile. With a balalaika for some reason or another.

KOKA Yes in profile... That damned portrait. Dear God, how difficult it is to pronounce the word "late".

PETUSHOK How do you know, Pasha?

KOKA He put me in front of that camera and pushed a balalaika into my hands! Why a balalaika? Why did I take it? The stupidity of it all!...

PASHA I have an enormous collection of daguerrotypes.

(During this scene Nadya has been sitting directly opposite Koka in the old-fashioned tea-rose coloured grandmother dress. Suddenly she sits up straight, her neck appears to lengthen and with an elegant wave of her hand, she says,)

NADYA What extraordinary weather, don't you think?
(Koka shudders, turns pale, stretches out his arms and starts walking in Nadya's direction like a sleepwalker.)

KOKA Liza!... Lizanka... Dear God! How do you come to be here?...
(His legs collapse and before he has been able to take two steps he falls.)

VALYUSHA See how you frightened the old man.

CURTAIN

The porch of the old house now looks inhabited and even fes-
tive. A large oval table has been laid with a snowwhite table
cloth. Candles in bronze candlesticks, tall red wine glasses made
out of thick glass, an elegant bowl containing fruit...
The 'colonists' pass each other old letters and picture postcards.
A continuous whirl of white envelopes. All the residents of the
house are at the table. Nadya and Koka at either end opposite
each other. Nadya still wearing the grandmother dress she was
wearing at the end of the first act. Koka is wearing a grey broad-
rimmed hat.
In front of Nadya there is a pile of letters from Petushok's great
aunt. A couple of letters, which have apparently been read, are
in front of Koka.
Nadya takes the next letter and reads out loud.

NADYA "Dear Koka. I find it hard to imagine that there
will come a time when you won't be my dear Koka. But
the widely respected Nikolay Lyovovich Krekshin. When
I do try and imagine this, I picture a grey distinguished
gentleman, seated in a high Voltaire chair, surrounded
by his — that is, your — swarming and chirping children
and grandchildren. But my imagination fails me, as soon
as I try to imagine she, who is seated beside you. I can
only see the headrest of her chair, upholstered with fine
lace and her footstool covered in lilac velvet. But who
is she? Whoever she may be, I bless her. May she go
through life with dignity and happiness, guided by your
strong hand. All my life I will remember the tenderness
of that hand, when you — do you remember? — freed
the little butterfly: you let it fly out of the window,
touched my hair and left a white trail of pollen on it.
"My little Pierrot" you said, and we started a conver-

sation about Blok, that the actors who performed in his fairground farce should be made up with pollen of butterflies and flowers. My God, how beautifully you spoke, dear Koka! And how delightfully silent we were after that! It seemed that we passed a whole life together, and my hair covered with pollen seemed to have really turned grey. I embrace you, my angel. There is so much I want to say to you, read to you, tell you. I'm glad you know these things without having to mention them. Your Liza."

(After reading it Nadya passes the letter to Pasha, who sits beside her. Pasha passes it to Valyusha, Valyusha to Vladimir Ivanovitch, Vladimir Ivanovitch to Petushok... After it has passed from hand to hand, it reaches Koka.)

KOKA That happened here in the month of June. The butterfly was caught in the lace curtains, I freed it and let it fly out of that window. But the butterfly didn't fly towards the sky, it fell into the flowerbed, and there it was, shaking and twitching till it died. Too much of the pollen had stuck to my fingers.

PETUSHOK Pollen fingers...

KOKA Of course I didn't tell her that the butterfly died. I even pretended I had followed its flight with my eyes. How could I have admitted to her that I had been the ruin of one of God's creatures?

VALYUSHA "Life is terrible on this planet."

KOKA There used to be, here, in a snug corner on the top shelf of the sideboard a small decanter of vodka. We used to withdraw into this room to have a small glass. To gather courage. Hussars!... We used to replenish the stock ourselves and then drink it secretly on our own.

NADYA *(reading from a letter)* "Dear Koka, yesterday at two in the afternoon I arrived home. Nobody expected me, they thought I wouldn't come home until Thursday... No, Friday. The road was so dull, I was so bored that I dropped off and slept for four hours. Once here, the boredom increased. So I'm planning to have another break soon. Bye, love to you and to your family. Your Liza."

172

KOKA Every summer the holidays used to separate us. I went to my parents, to a place near Nizhni-Novgorod, and she came here. We spent all our time writing. Where did you find those letters?

PETUSHOK A box in the bottom of a trunk.

KOKA It's a miracle.

NADYA Sent to Moscow.

KOKA Nowadays people spend the summer away from their parents but when we were young it was the other way around — summer was reserved for mummy and daddy, for their pleasure and entertainment. But having to say goodbye to friends and loved ones... I cursed the summer!

NADYA "I'm sorry I didn't kiss you one last time at the station. I kept thinking about it all the way home. Nikolay, we will soon see each other again."

PASHA Nikolay Lyovovich, what smart headgear you are wearing.

KOKA Oh yes, European fashion. From a Viennese firm. Today I want to look like a gentleman. "You dreamt with longing, that in the flames, we'd burn embracing, mine and your claims, to love transcending."

LARS Bravo, bravo!

KOKA Blok. They don't write like that anymore.

VALYUSHA They don't love like that anymore.

KOKA Don't misunderstand me, we didn't hand out furs and diamonds. But giving a lady a ring: that was an exquisite pleasure!... *(about the gown Nadya is wearing)* That gown, that was a present. I bought it on the Kuznetzki from the Cochet warehouse. All those sparkles in Liza's eyes when she opened the box!...

NADYA I always buy my own rings and brooches. At the tobacconist. They are cheap there, at least you can change them often. The other day they had a brooch of Jesenin. One ruble. My favorite poet.

KOKA It was in the window on the Kuznetzki and I thought it was very beautiful. A little shoulder cape went with it... It cost me all the money I had on me, and I

173

carried that box all around Moscow. I had no money left for a carriage. Nowadays people love to live together, not to die together.

NADYA *(reading)* "Kokosha, my darling, my wise man, I'm fine. The weather is magnificent too. But yesterday, there was rain and thunder, the branches were blown off the trees."

PASHA *(to Petushok)* Nikolay Lyovovich's hat would suit you.

PETUSHOK No I'm more of a cap sort of person. I decided that a long time ago. I'm a cap person.

PASHA You are wrong, you are a hat person.

KOKA I used to sell everything. I used to rid myself of all ballast, but this hat, this European model — no! I made a bag for the box and used to drag it with me everywhere I went. So I'm sorry I cannot let you try it, sir.

NADYA Nice handwriting, I can read everything... *(reads a letter)* "Often I put on the gown you gave me, sit down at the table, open the little box with your letters and read them one after the other. I hear your voice, I see your shining eyes, your breath touches my face and my sadness melts away, evaporating like a cloud after a breeze. Do write me more often. Your, your Liza."

KOKA Your Koka.

(Pause)

VALYUSHA Look at that beautiful ring our Pasha is wearing.

VLADIMIR IVANOVITCH That finger must have cost at least a thousand.

NADYA Oh, a life-size lion's head. Is it gold-plated?

PASHA Solid. This is a labourer's finger. It deserves gold.

VLADIMIR IVANOVITCH I once had a wedding ring. I used it to open bottles of beer.

VALYUSHA Do you like beer?

PASHA Moreover this is the weekend for my ring and me. We have a right to rest and recreation.

NADYA Oh dear, I almost tore the dress! There is a nail in the wall here...

PASHA Where is the villain?

NADYA A little higher.

PASHA Ah, there it is, got you! Now watch, Nikolay Lyovovich.

KOKA Yes.

PASHA I want you to see this.

KOKA Go on.

PASHA Speed is of the essence... It must happen quickly. Do you see this nail?

PASHA Quickly. Here we go. *(with one movement he tears the nail from the wall.)* Nikolay Lyovovich, is that a real Borsalino, or not?

VALYUSHA Bravo!

KOKA I haven't worn a hat in ages. Now I want to wear it.

PASHA Nikolay Lyovovich you're the guest, you can have it if it pleases you. I'm sorry if I was impertinent.

KOKA A thoroughbred! I used to sell everything, I used to rid myself of all ballast, but this Borsalino — never! I sowed a bag for the box and like that dragged it everywhere. But I only put it on today, so that I could appear here as a gentleman. *(to Vladimir Ivanovitch)* Excuse me, what is your profession?

VLADIMIR IVANOVITCH My profession? I'm an engineer.

PASHA *(holds the nail against the wall)* Nikolay Lyovovich.

KOKA Yes?

PASHA I dedicate this trick to you.

KOKA Yes... yes. Thank you.

PASHA Can you see it properly?

KOKA I'm ready.

PASHA Again, speed is of the essence. Quickly. Here we go. *(pushes the nail into the wall)*

(Petushok hangs a beautiful framed portrait on the nail. It is a picture of Elizaveta Michaylovna in an old-fashioned dress.)

PETUSHOK I found this portrait in the attic.

VLADIMIR IVANOVITCH Something about her reminds me of Nadya.

VALYUSHA Her dress.

(Pause)

PETUSHOK Valyusha, tell us about your husband.

VALYUSHA What?

PETUSHOK About your life with him, why you split up... Well tell us... just like that.

LARS Petushok, "just like that", that's my expression.

VALYUSHA No, I asked, what?

PETUSHOK You don't have to, if you don't want to.

VALYUSHA Just because I'm single and over forty, you think you can treat me as it pleases you?...

PETUSHOK I only asked.

VALYUSHA Oh Petushok ...

KOKA *(hasn't taken his eyes off the portrait for an instant)* Liza, Lizanka!... Exactly as I remember her.

NADYA *(holding a couple of letters in her hand, reads)* "Christ has risen! My dear, darling Lizanka, I wish you a very, very happy Easter, with all my heart. I hope you will celebrate the holy resurrection of Our Lord in good health! In my thoughts I kiss you. I wish you good health and lots of happiness and myself a speedy reunion with you. My darling let's drink to each others' health and our future happiness. Let's be merry! I cannot send you the snapshot you asked for, as I haven't yet had my picture taken in Sebastopol. Your passionately loving Koka. May 9th, 1916'."

(A little bell rings.)

"Koka darling! I wish you a very merry Christmas! My God. These days are hard for me. The festival of light, and you're not here! You know, I'll spend the whole day writing to you. It is morning now, I don't know what to do. I have a headache. Last night I was playing patience till early in the morning, till it came out. Just now I woke up — on the table are four aces. You are the ace of spades, you are the ace of diamonds, you are the ace of clubs, you are the ace of hearts, that little red heart, you know. Do you know, when I get your letters, I kiss them. Not always, but sometimes it takes me that way.

It makes me kiss your letters for want of something better. Am I silly?..."

(sound of the little bell)

"Dear, dear Koka. Here I am again writing my letter. I have had breakfast and have withdrawn to my room in order to continue writing. Yesterday I was supposed to go to the Trinity Monastery with Aunt Lelya. We had agreed to go for a walk there — get some fresh air, have a look round, and return the next day. But my aunt was feeling a little poorly, so we cancelled the trip, still we got into the sledge and went to the All Saints Monastery, which is very close and there we drove around slowly and admired the snow covered pines. I was glad to be out for a while. My darling, how are you? How do you feel, my God, what happiness it would be to live here, in our house, with you, to be together and to love each other! But for now we can only dream of that. We will wait. A tight hug and a kiss on your little neck. Your Elizaveta the First (and only)."

(sound of the little bell)

"I reach again for the letter to my Koka. We have had dinner. We had a very curious family as guests for dinner. If you had been here we would have roared with laughter. A little mother with two talkative daughters — twins — and a son, who studied at a seminary and will carry on to university. The wife and children of a priest, Father Philimonov. Everyone of them a type dating from the last century. A complete theatre performance! And how are you? What is it like there?... How I wish I could see you for just a moment... You don't write anything, and I mean nothing at all, about your health. I suppose you don't want me to worry about you? Think what you like, but do write more about yourself, so at least I get some idea about your life there in Sebastopol. Something is bothering you. I can feel it. It is a clear, cold day today. My heart is with you. Your L. What does that letter mean? Love?"

(sound of the little bell)

"Koka darling, it's me again. It is night now. I'm slightly dizzy. We drank Glühwein at dinner, but it did not improve my mood. Our Christmas tree is big and beautiful, we decorated it with nothing but pieces of cotton wool and gold and silver streamers. Covered it with tinsel and lit the candles, the result was splendid and original. I felt like crying. I thought of you and wanted you to be here! Oh Nikolay... what is going to happen?!... When, oh when will we meet again? Stay in good health, be happy and gay. Merry Christmas, joy of my heart! God be with you, sweet dreams. I am your angel, I hover over your head. Liza."

VLADIMIR IVANOVITCH *(reading the back of a postcard)* "Sebastopol. Nakhimov Boulevard"

KOKA Oh, how I larked about on the Nakhimov Boulevard! Youth, where did you go?... "Fleeting as the ways, our days are..." On that same Nakhimov Boulevard I had run into Sanyechka Shpakovsky, I knew him from school. He may have been called Sanyetchka, but he was a monster, a real devil. The things I have been up to with him!... "I came from afar, and I was greatly honoured, but now I have to sail away, so goodbye." After an encounter with the brothers of a certain lady I was obliged to avoid contact with cameras for a while. Yes... Poor Liza... That is why I could not send her the snapshot she had asked for.

PETUSHOK Poor little aunt. Pining away here in this lonely place.

KOKA I hope this will remain amongst ourselves.

PASHA Nikolay Lyovovich, we are gentlemen too.

KOKA Though that doesn't mean much nowadays... But as regards that picture, I found a way out — I had a photograph taken in profile!

NADYA *(reading from a letter)* "My very own sweet girl. At home I found an issue of the 'Odessa', which evoked strong emotions in me, especially as I found an advertisement in it for 'The North' restaurant. And I got very sad, as I thought back to that, for me, very happy last evening with you. Then you went to Palermo. My dear, I cannot go on writing. Your little boy, Koka. Please write soon!"

KOKA Oh 'The North' restaurant!... Look, in this letter I sent her the wine list. *(reads)* "Pontet-Cané, Haut-Barsac, Irrois-Gala, Irrois-Grand-Gala, Irrois-Brut, Irrois-Americain, Port, Vermouth... During lunch and dinner a Rumanian orchestra conducted by Mataki". I wonder what that street is called nowadays?

VLADIMIR IVANOVITCH It's still Nakhimov Boulevard.

KOKA What's that you say?

VLADIMIR IVANOVITCH *(reading the text on the postcard he is holding at that moment)* "Sebastopol. View of the Cemetery of Honour."

KOKA *(still holding the wine list)* "'Maître d'hôtel George."

NADYA *(to Koka)* Do you mean this photograph?

(She shows a photo, stuck to a thick piece of carton, which she has found on the table.)

KOKA Yes, that's me... that damned portrait!

VALYUSHA *(looking at the picture)* You have a very nice profile.

KOKA "To my dear Lizanka, from your loving Koka."

PASHA *(reading the text at the back of the portrait)* "Court Photographer to His Majesty the Shah of Persia, His Majesty the King of Serbia, His Highness the Archduke of Austria, His Highness the Prince of Montenegro and His Royal Highness the Prince of Sweden and Norway. Weiner Brothers, Sebastopol." So you weren't an angel...

KOKA I was a big bastard where the fairer sex was concerned. Please forgive me.

VALYUSHA That is not such a bad characteristic.

NADYA *(waving her finger)* You are naughty, naughty...

KOKA Little cheats and little mischiefs are indispensable in the game of love. They keep a man in shape. *(He tells an ambiguous joke in French, and they all laugh.)* Accept that, young people, from an old debauchee, who left his mark

179

even before the revolution. And please don't be too severe in your judgement.

NADYA Look what I have found here! *(holds a letter in her hand)* "Nikolay, after all that I have heard I cannot continue with you in the same old way. I ask you not to come again, never to write, I don't want to see you anymore..."

KOKA What?... What's that you are reading?...

NADYA That's what it says. "I don't want to see you anymore."

KOKA What sort of language is that!...

NADYA It's what it says. *(reads the address on the envelope)* "To Mr. N.L. Krekshin, Hotel Seaview, Sebastopol."... "Now there remain two requests. First. Don't try and put the blame on Sanyetzka Shpakovsky — I have been informed about your advances and the resulting incident involving her brothers, by Lucy herself. She is a distant relative of mine and she herself has written to me about it, asking for advice. My second request is this. I would like to have my letters back. For the sake of our past relationship, will you please, at least in those letters in my house, let the image be preserved of my dear Koka, who once had the idea of playing Fireman, and our pair — do you remember? — could not be separated by anyone all night long. And look, now our hands have let go. "Her eyes became dull and stared, but this time not at the game of cerceau" — do you remember? — "then she arranged her blonde hair and softly whispered: 'So...'" My heart is light. Goodbye."

KOKA No... No... I never received that...

NADYA *(reading the signature)* "Elizaveta Shermanskaya. August 21th 1916"

KOKA No, no... I have never seen that one... Give it to me! *(grabs the letter and reads it quickly)* No, no... What is this?... This cannot be!... Where did you get this?...

PASHA I'll tell you something, dear Nikolay Lyovovich, you did not come here just by chance, not just by chance.

KOKA I have never seen that one... This is the first time

180

that I've seen it... Don't you believe me?

NADYA It has been written.

KOKA Never!

NADYA It has been sent.

KOKA Don't do this to me!

VALYUSHA That letter has never been sent. There is no stamp on it. You can calm down. It has never been posted.

KOKA No, no!... That is not the way it was... Please understand me... It was like a wave, a wave, a whirl-wind... I was in Sebastopol... The sails flapped... Then I came back. Liza was cool, she asked me not to come to this house, but that didn't last long... the courting... that was just... a sort of joke... a bet... that was very fashionable... that did the rounds... wind, wind... sea wind... took me with it... I blew away. I returned the letters... Lizanka asked for them and I returned them... But later... later I was forgiven, she forgave me, she has forgiven me... Don't you believe me?

PASHA Rest assured, we believe you, why wouldn't we believe you?

KOKA Liza had character.

VALYUSHA *(to Petushok)* You don't take after your great aunt.

LARS The Sebastopol Waltz — is that just like a waltz from Sebastopol?

VLADIMIR IVANOVITCH A Swede should know.

PASHA Shall we play Fireman, ladies and gentlemen?

NADYA *(claps her hands)* Bravo, bravo! Then Nikolay Lyovovich can explain it.

KOKA Believe it or not but I felt it, I felt that nature had this letter in store for me. Something kept nagging, an incomprehensible creeping kind of sadness, even then, in Sebastopol. It was unbelievable, she was writing that letter here and that was enough to touch some sad chord in me there, so far away.

PETUSHOK "Cerceau flew on to the table, Cerceau flew..."

VALYUSHA Only just now you were declaiming about love till death us do part.

KOKA She has forgiven me!

(Pause)

PETUSHOK *(to Valyusha)* Still it would be unjust if someone would reproach us for...

VALYUSHA But you cannot blame us for loving to live together and not to die together. These days people die for lack of love, not because they have a surplus.

PASHA Like the old Lesnevsky said, "Everything is possible, but nobody is perfect."

LARS Who is that? Lesnevsky?

VLADIMIR IVANOVITCH A Swede should know!

KOKA Why a balalaika?... Why did I take it?

(Pause)

VLADIMIR IVANOVITCH I was married for four years. Saved by the bell.

PETUSHOK From what?

VLADIMIR IVANOVITCH The anniversaries. Copper wedding anniversary, silver wedding anniversary... I'd prefer to die in peace.

VALYUSHA Are you a woman hater?

VLADIMIR IVANOVITCH A hater of my ex-wife to be exact.

KOKA Just give me that letter! I'll finally have to receive it. *(grabs the letter from Valyusha)* Delightful handwriting... Such a pity that they did away with those old S's.

NADYA When I was a child and looked through old books I used to think it was an F. I used to think that people must have talked very strangely in the past; Chrift has rifen.

KOKA The way she wrote it made it a very piquant letter... When I read her letters I felt as if every S kissed me. *(He starts swaying over the table to the rythm of the words.)* "Apple rolls around the orchard, he who gets it is the one, the chief's son is the chief. Eeny meeny miny mo!"

NADYA Bravo, bravo! That is Fireman!

KOKA Only the dipping rhyme, and then...

NADYA What happens then?

KOKA After the dipping? During the game? "Burn flame, bright flame..."

(The others behind the table join in: "Burn flame..." They move to the rhythm)

Then pairs are formed, the "Fireman" is in front, with his back to the others. The pairs say: "Bright flame, please don't die, look up to the sky, the little bird whistles, the bell jingles..." The back pair runs to the front and the "Fireman" tries to catch them before they join hands again. That's all.

VLADIMIR IVANOVITCH I thought you were supposed to kiss each other.

PETUSHOK No, that is a different game.

KOKA When we were at the back of the line, we used to kiss of course. That is why we protected our ladies against the "Fireman". "Bright flame, don't die, look up to the sky..." The grown-ups used to do the same thing to a different rhyme. *(To Nadya)* "Do you love me?"

NADYA "I love you."

KOKA "Then you must buy me!"

NADYA "Then I will buy you!"

KOKA "Buy me then"... Liza and I could never be caught. I used to distract the "Fireman"... First I'd jump up and down in front of him and then suddenly I'd make a dash to the front, Liza would already be there and we'd take each other's hand. Yes, "Fireman" you're "He" again! "The little flame burns..." — "For whom?" "For you, my beautiful sweet lady!" — "Do you love me?"

NADYA "I love you."

KOKA "Then you must buy me!"

NADYA "Then I will buy you!"

KOKA "Buy me then!" — And she rushes away... and I try to catch her... But I cannot... I cannot catch her...

(Koka cannot hold back the tears; he covers his face with a letter.)
(Pause.)

VALYUSHA Nikolay Lyovovich, Nikolay Lyovovich!... Don't confuse the old man so!

183

(Long Pause.
During it we hear the voice of Vladimir Ivanovitch. He reads
one of his own letters, but has no paper in his hands. Maybe
he hears the words, which he repeats out loud. The delicate
atmosphere of the old house, the flickering of the candles, the
rustling of the leaves behind the window, the heavy rhetoric of
Koka's memories...)

VLADIMIR IVANOVITCH "Dear Nadyenka, I was weak
enough to ask you whether I could write to you, and you
were coquettish or frivolous enough to allow me. Your
arrival in this house has made a deep and heart-rending
impression on me. This day will be decisive for the rest
of my life. The more I think about it, the more I am
convinced that my existence and yours are inextricably
bound: I was born to love you and to follow you — everything else I try to do is digression or foolishness. Sooner
or later — don't you think? — I will have to give up
everything to drop on my knees at your feet. Darling!
Jewel! Divine creature!... And also, oh, repulsive creature! Know that I have personal experience of your
power. I have you to thank for all my knowledge of the
pangs and sufferings of the intoxication of love and all
the bewilderment it causes. If we ever see each other
again, promise me... No, I don't want your promises!...
At this moment you are beautiful, just as beautiful as
during the trip or on the landing, when your fingers
touched my forehead. I can still feel that touch, shame-
less and moist. But you will wither, one day your beauty will fall from you like an avalanche from a mountain.
Your soul will remain upright for a while amidst so many
charms, but then it will disappear, and mine, its frightened slave, may never meet it in never-ending eternity...
However, when I took up this pen, I wanted to ask a
favour — I cannot remember what... Oh, yes, your
friendship!... It is a rather common request. Something
like a beggar asking for bread — but that is how it is,
your proximity is essential to me. Goodbye, divine creature. I squirm at your feet. Completely yours — Vladi-

mir Ivanovitch. Postscript. In my regret and sadness the only thing which attracts me and brings me to life is the thought that someday, I will own a piece of land in the Crimea — though that is uncertain. Then I'll make a pilgrimage, roam about your garden, meet you, catch a glimpse of you... Damn he who comes, damn he who goes." —

(Pause.)

VALYUSHA My darling Rooster, dear unforgetable Petyenka, it's hard to make my hand obey me in writing these lines. Today I thought back to our life together, yes, to me it sounds like that — our life, and it seemed that life (for me) had consisted of waiting for your calls. Try to understand me. I'm a woman. And although then, I was no older than Nadya is now, I didn't find it hard to imagine the day, today, when I would be as old as I am now. That day held no attractions. Again I am waiting by the phone and you are somewhere else. Darling, this is unbearable! Our life is so empty and repulsive. It's a small mercy if you find someone to love. My darling. How can people renounce that voluntarily? I don't know what you felt after our last conversation, but I felt like a child who has dropped something by accident from the window of a moving train. The emptiness of that child's hand, from which just a... yes, what? What has fallen? It was there, and now it is no longer there. You cannot see it, cannot get it back, you cannot go back — it is over! Concerning your gentleness, that is how you redeem everything, you use your gentleness to heal the wounds that you cause. Oh, you are good, gentle and a dreamer. That is true. I cannot see you as a warrior nor as a Tsar. Now the most important thing, Pjotr, oh Pjotr, I always have to think about you, even physically I turn in your direction — for help. So little were we made for happiness apparently that we did not recognize it when we had it. Don't talk to me about happiness for Christsake! I wanted to tell you so many things, but it is impossible to write about them, and

185

saying them is even more impossible. Lots of luck and happiness. Valyusha.

(Pause.)

PASHA "Dear Petya, with this letter I want to remind you, my friend, that duty calls on Monday. Our joint work, to which we have devoted ten years, must be continued. Our field of work is not without interest to Russia, and the completion of our task demands extraordinary care and courage, and a clear awareness of our destination. Although the results of our labours do not always coincide with the ideal that we had at the start. You write that you are depressed, dissatisfied with the work you do, that your fate depends on people you do not respect, and in circumstances you cannot accept... What can I reply?... Maybe, "Let them all go to hell!" What I want to say is this, my dear; have you ever tried not to think of those people and circumstances, to banish them from your mind? Why would you keep them in your mind? Tell them to scram, right! "What do the Hussars do with their money; they go to the pubs and the hor...ses." Witty, isn't it? And then there is another thing I wanted to ask you, my dear Petrusha, whether you have ever dreamt that you came into a house where there was a party going on. You have never been to that house before. You walk through the first room and then a couple more. Everything is brightly lit, sometimes it is crowded, sometimes you have space. You approach the last room. It is full of people eating and talking. I'm there too, I'm in a corner, bent over, whispering to someone... An extraordinarily pleasant feeling goes through you, or rather the memory of a feeling, you feel you have returned for a while; suddenly from that room I come towards you. The first thing I say is: "Is that you, Rooster? How you have changed! You are unrecognizable." I drag you along with me. I take you apart to a long room where we are alone, I put my head against your cheek, your cheek starts glowing and — miraculously — I had difficulties. I had to stoop to reach your face, and yet you always were far taller than me. But in dreams dimensions are distorted, and this is all a dream, don't forget, a dream. Then, for a long time I tried to find out whether you had written anything at all for me. I forced you to admit, that you had stopped a long time ago, that you had kept aloof, that you didn't feel like it — no inspiration... "Promise me you will write again!" "But what?"... "You know what!"... "When does it have to be completed?" "A year at the most."... "It's a deal.", you say. "In a year's time, do you swear to that?", I say. And shuddering you swear an oath. At that moment a small man, who has been standing near us but whom you had not seen, speaks the following words, quite audibly: "Laziness ruins every talent." I turn around and say, "Look who we've got here!" He looks up, shouts for joy and embraces you. He strangles you in his friendly embrace, he strangles you, and you wake up.

You want to go back to sleep, you want to get back into that horrible dream, but you cannot. You go outside to get some fresh air. What a beautiful sky! Nowhere are the stars as bright as in these dead surroundings... Finally the wind starts to blow, an ice cold night wind brings you back to reality, you light a candle in your sanctuary, you sit down at your table, your promise is clear in your mind: the promise you made in your dream, you will keep while awake. That is how it is, isn't it Petrusha, isn't it?... I am, meanwhile, your humble servant — Pasha.

(Pause.)

PETUSHOK "Dear Friends, dear colonists, Valyusha, Nadya, Lars, Vladimir Ivanovitch, Pasha and very honoured Nikolay Lyovovitch Krekshin. Guided by some mysterious instinct, I take the liberty of gravely putting the following question to all of you at once: do you think me worthy of your attention? If your reply is yes, and agree with me fully, then please allow me to call you my friends and to fulfil the holy duties of friendship till the end of time. I, for myself, I have today, received a gift of inestimable value from you: that is "Today". What is so special about today? Today is a very ordinary day. But it is not its outward characteristics — walking together in the garden, the sounds of merriment during the friendly dinner, which make this day special. No, in our being together an invisible sign is hidden, a clue can be found, in it we can see the lines of a heavenly pattern. If someone had asked me twenty years ago, "What is the mother country?", without hesitation I would have answered, "All the people of my country." As a child I had the following idea of happiness. In the coolness of the early morning, which precedes a hot afternoon in town, we gather, dressed in white shirts and light summer trousers, in the yard to walk in a parade. There are people on all the balconies, they are there to wave at us, and the high well in the yard hums with the joyful sounds that float up and down, down and up. Then we go into the street towards the hot sun, we dissolve in a big mass of people like ourselves. "Singing we go on...", but the years went by and there were less and less people around me... "We walk through street and avenues..." I have never been abroad, I do not know how people live there. For me everything happens right here. If you live on a desert island and there is no one you can go to, to whom you can talk, or with whom you can share a table with, then that is normal, a child can understand that. But there, where you were born, where you live... And after another ten, twenty, thirty years, where can we go then? To what house, to what people? Who will accept us as their brothers, who will clean our wounds, who will support us in our anguish? We never stopped to think. Or we thought, there will always be a house where we can go, a roof that will protect us against bad weather... The mother country for us, was a Mayday Parade, a collective trip on the Moskva, a huge choir rehearsal in the stadium... My dear colonists, my dear friends! Through my tears of joy I look at you,

and embittered I look at my own soul. Who have we got left, except ourselves? We have only got ourselves. And here we are, a bunch of people under one roof... Maybe this is our mother country? Coincidence has brought us together — and what if it wasn't coincidence but fate?... We should take hold of the edge of this table and hold on to it till the blood seeps from under our nails, hold on and not let go! And then we have held on together long enough, when we can let go of the edge of this table without fear, when our hands pass around the round cup with blood red wine, and everyone brings it to his lips, then we will hear the heavenly music through these walls, and stars will be visible through the roof of this house. I don't want to end this letter to you with the word "Farewell", even "See you soon" is unsuitable. We are not saying goodbye in any sense! Totally yours, Petushok."
(Pause)

(Evening. At the table, covered with a white tablecloth there are lonely figures. The candles are lit. Somewhere in the distance there is an explosion. A voice, "A Cardinal once had a niece, a marquise, gracious and round, she loved the game of cerceau, and preferred to play with a viscount..."
PETUSHOK *(takes a paper from his pocket. It has been folded in four, he opens it and begins to read yet another letter.)*
"Dear friends, dear colonists. I write to you because I have no other address to write to. And I don't even know whether you will receive this letter. Nowadays one cannot be sure of anything. I find it hard to explain how I got here. I have this habit of getting into dire straits. This will probably be the last time. This war is a war of the lonely. Everyone on the mountain is in his own deep concrete hole. And every so often when our helicopters and planes force back the enemy fire into the valley, we jump out of our hole and run to the next one, which was occupied, only a moment ago, by a cowering man who has left no trace, not even a cigarette, as this hell takes away your taste for smoking. It is absurd and

spine-chilling to see our sisters of mercy in this unchristian land. The bright red crosses on their stiff caps, which manage to retain in an incomprehensible way their prewar virginal whiteness. I also have difficulty getting used to the trees here. Because of the war, the poison gas and explosions, they have gone mad. They have lost all their natural instincts and they flower and shed their leaves several times a day. That makes it seem that I have been here I don't know how many years, and I have become very old and still I'm not dying, although it is very easy to do so... But don't mourn me. Here, in this war, you are extinguished like the match that lights the gas ring. And if my turn comes, when I am alight, maybe in your kitchen the stove will light up all by itself. In that case put the kettle on and have a cup of tea. And let it be just like it was on that holy night — Nadya is wearing my great aunt's dress and Nikolay Lyovovich his smart hat, the European model. And don't forget the candles, I believe we had them then — yes, you must have candles, because after you have received my letter, which I have been writing in my concrete hole, you must burn it, burn it, burn it!"

(Petushok holds the letter to the flame of the candle so that it catches fire, throws it in a bowl which is standing there and runs away. The letter burns up, the fire goes out.)

KOKA *(whistling like a highwayman)* I used to be terrible at Cerceau. I used to do all the wrong things with that stick. But once there was a student here, I cannot remember his name... Anyway, that student, he could not be beaten, he used to put spin on it or something like that, very useful in any case, it was impossible to catch that ring.

LARS Don't pay any attention to me, I'll give a sign.

KOKA I regret now... He really was a very good catcher! Wherever you threw the ring, he always caught it.

VLADIMIR IVANOVITCH Cerceau — is that French or something? *(leaves the table)*

VALYUSHA Something with a ring...

KOKA Only with Liza he used to throw in such a way that the ring would find her stick all by itself. Such a devil... And we had to run the whole length of the field and would still miss. *(whistles)*

(In the meantime Lars moves the candlesticks. He changes the candles in one of them. The white envelopes fly through the air, so does the table cloth... In other words, Lars bustles about, making bizarre preparations, the purpose of which is not quite clear. But no one takes the trouble to understand.)

But I wasn't fooled. One evening he suggested that we play cerceau here in the garden, he didn't like our games...

PETUSHOK Vladimir Ivanovitch look at the sky, the birds are migrating.

LARS Can I put this candlestick here and measure about four and a half lilliputian paces from here?

NADYA "Little ring, ring come to me!..."

PASHA No that is a different game.

PETUSHOK Who will come find the cerceau?... *(exit)*

KOKA Then they went to find the cerceau, but it couldn't be found. So, we will play Fireman. I was better at that than anyone else. That student was bored, and he disappeared. No wonder he disappeared, because no one succeeded that night in separating me and Lizanka. And the cerceau... I had hidden it in the attic. You understand?... Abracadabra!...

LARS I must go and change. I'll go and put on something new. Get rid of this old stuff. *(to Valyusha)* What about you? *(exit)*

VALYUSHA We'll catch up with you...

KOKA Of course, of course you'll enjoy the game!... Come on let's play! You will all enjoy it! That's a long time ago now... And all that under that student's very nose. I brought Lizanka's little cape in and the ring and the sticks... right under that cape, almost under the eyes of our hero. He was talking to Liza, she started to blush...

NADYA This is going to be a well-spent evening!

KOKA ... That's why she asked me to bring her cape in, so I... I put the cerceau underneath the cape and went up to the attic and there I hid it under a rafter. And then back again as if nothing had happened. Where is the cerceau? — It is gone! — It was here a moment ago... Vanished without a trace! Oh well, never mind, then we'll play Fireman.

NADYA Oh, I cannot run in this dress *(runs away)*.

(Bright lights. Lars enters. By way of trousers he is wearing a very wide and light garment, which is made out of soft pink nylon patches that look like feathers. In short he looks like a clown. Not a circus clown but more the kind of clown from a top class variety show. The rest are struck dumb. Those on their way upstairs remain on the stairs. Only Koka remains imperturbed at the table. In one hand he holds a wine glass, in the other a bowl of fruit.)

LARS I'd promised to do one of my grandfather's acts. I think this is the right moment. Nikolay Lyovovich, this trumpet *(he jumps on the table and takes a trumpet from under his arm)* and everything I can do with it, is all I inherited from my grandfather. The beginning begins! "This was Sir Joke To Survive, the merry clown. Hi-hi-hi, bo-bo-bo, ki-ki-ki!"

(Lars plays a short scene with lots of noise and funny faces, he expresses amazement and fright and then pure joy but he makes sure it all looks elegant. He pretends to talk to an invisible partner, who is behind him)

— Child, how are you doing?
— Leave me alone.
— Gosh, you are rude!
— Go away.
— What... you are an artist, this is your chance.
— I'm in bad shape.
— Don't make a fool of yourself, girl. Look they are waiting, you are a sensible girl, aren't you?
— Up yours!
— I say, I say, I say, what is that you say!
— You heard. You've ears, haven't you?

— I've got you, you enchanting creature!

— Ho-ho-ho.

— Well, are you ready?

— I have no voice today.

— You always have a divine voice, be a good girl.

— Well go on, what did you want to do?

— The same.

— Do as you please.

— I'll switch into English. "Fly window, fly."

(elegantly Lars moves across the table looking for the right spot for his prize trick. When he has found it, he puts the trumpet to his lips... a piercing note — and a burning candle on the table, about three meters behind Lars, goes out.)

VLADIMIR IVANOVITCH What is that? What is happening?...

NADYA I'm frightened.

LARS You don't have to be, everything is clean here.

KOKA Why did the candle go out?

LARS That is the trick!

PETUSHOK Nice trick. You'll break your neck in the dark...

LARS I'd promised I'd give a demonstration.

VALYUSHA Damn it! I cannot see a thing!

VLADIMIR IVANOVITCH What are those trousers made of — feathers?

LARS I have taken them off already, you can put the lights on again.

PETUSHOK I have a torch.

NADYA Ow!

(bright light, applause, Lars bows elegantly)

NADYA But where...? How do you do it?

LARS That is the trick. The performance is over.

ALL Bravo! Encore!

(Koka, who has been sitting at the table all the time, now rises.)

KOKA If you permit me, I too, would like to perform.

VALYUSHA Oh, is the show continuing?

ALL Please, please!

KOKA It is a song... It means so much to me... By Listov... May I?

SEBASTOPOL WALTZ

The waves reach the sand
And spring is at hand.
The sky again is high,
The flowers please the eye
A wave lashes the quay
On the Black sea.

Oh Sebastopol Waltz,
Golden days of yore
The lights seen from the shore
Oh those nights at sea
Every sailor knows the Sebastopol Waltz
I'll remember forevermore
Those golden days of yore.

Now I'm back in Sebastopol
The chestnuts flower like the year before
Oh, my city! I'm glad to be ashore.
I hear the rustling of the leaves
Of the boulevard trees.

(Koka, who is sitting at the table wearing his hat, is singing very intensely and in a loud voice. He sings the Sebastopol Waltz from the operetta of the same name. At the end of the song his voice is smothered by his sobs. Vladimir Ivanovitch and Valyusha climb the stairs to the porch; at the door to the attic they remain standing. Pasha goes outside to smoke a cigarette.)

VLADIMIR IVANOVITCH Why did you stay?

VALYUSHA I'm so tired suddenly, Vladimir Ivanovitch... All those people around me all the time... Do you understand?

VLADIMIR IVANOVITCH Am I disturbing you now?

VALYUSHA I'm glad there is a young man like you here, next to an old woman like me.

VLADIMIR IVANOVITCH You are not old.

VALYUSHA We are contemporaries.

VLADIMIR IVANOVITCH I have this beautiful feeling for you.

VALYUSHA O, a butterfly!

VLADIMIR IVANOVITCH Pollen fingers...

VALYUSHA I hope he has hidden the cerceau well, then we still have some time... *(about the scarf she is wearing)* Look what a beautiful scarf I knitted myself. You can have it. Now young girls will pay attention to you.

VLADIMIR IVANOVITCH I'll undo it.

VALYUSHA Don't sacrifice yourself for me, I'll just knit it again.

VLADIMIR IVANOVITCH And I'll undo it again.

VALYUSHA And I'll knit it again.

VLADIMIR IVANOVITCH And then me again.

VALYUSHA And then me... and then we grow old. Keep in mind that I grow old sooner.

VLADIMIR IVANOVITCH I'll catch up with you.

VALYUSHA I'll wait for you at the attic door. Oh, it sounds like a poem, isn't it beautiful?...

VLADIMIR IVANOVITCH Yes, beautiful *(excitedly)* And they saw the house, and it was right, and many before them climbed the stairs and halted at the attic door. That is not bad either, is it?

VALYUSHA No, it's good. And then we take each other by the hand, and bravely enter the darkness.

(They take each other by the hand. In front of them the attic door opens all by itself, creaking mysteriously. They cross the threshold. The door closes slowly.

Pasha enters.)

KOKA *(showing an old picture)* Look... this will interest you. You are a sportsman, I'm a sportsman too. Look, white trousers. An English tennis racquet.

PASHA I'll tell you something, Nikolay Lyovovich!

KOKA Lawn tennis.

PASHA You are not here without a reason, you don't even dare to take off your coat.

KOKA I'm old, my blood is cold.

PASHA What is that in your pocket?

KOKA In mine?

PASHA Yes.

KOKA Don't take that tone of voice with me, young man!

PASHA I know everything.

KOKA There is nothing in there.

PASHA I practised telepathy, dear sir.

KOKA I came only for a visit.

PASHA It's allright, it was only a joke. Don't worry.

KOKA Just a visit.

PASHA I'm not telepathic.

KOKA I know this place so well.

PASHA Calm down.

KOKA You don't have the right.

PASHA Take a deep breath, go for a walk.

KOKA How dare you!...

PASHA What excellent weather, don't you think?

KOKA *(after a while)* No I'm not just here without a reason.

PASHA Take a deep breath, a deep breath.

KOKA Do you want to know what is in my pocket?

PASHA I'm walking and taking deep breaths.

KOKA You are the most serious person around this place.

PASHA I told you it was a joke.

KOKA I need advice.

(Koka takes a newspaper from his inside pocket and unfolds it. There is a yellow piece of paper in it. The door to the porch flies open. Three singers in dress with corsages in their button-holes sing a frivolous song accompanied by a piano.)

THAT'S WHAT EVERY BOY LIKES

When we talk about love, you know what we are
    thinking of.
Our blood is wild, our passions not mild.
It's women we crave
They take us to our grave.
And our hearts sing all night long,
Full of joy are our minds,
Oh those dreams are kind.

KOKA Do you want to know what this is? It's a marriage certificate. The marriage between Elizaveta Michailovna Shermanskaya and Nikolay Lyovovich Krekshin. Dated 17th May 1924. Stamp of the town hall.
PASHA *(after a while)* Congratulations.
KOKA We lived together for eight days.
PASHA Quite some time.
KOKA From the 17th to 25th May.
PASHA *(looks at the paper)* The bride chose to keep her maiden name.
KOKA And now I live in Bryansk.
PASHA She was right. A nice name, Shermanskaya.
KOKA We stayed with my granddaughter.
PASHA Your granddaughter?
KOKA My step-daughter's little girl. That was later.
PASHA This could use some adhesive tape. Here... you see.
KOKA I have always kept it in that paper. It is valid isn't it?
PASHA *(gives Koka the document)* You can hide it again, in your coat. It's valid allright.
KOKA That paper was in my hat, the hat in the box, the box was on the commode, the commode is in my house and my house is in Bryansk... Do you know what kind of town Bryansk is, young man? *(They both laugh.)*
PASHA I would not say you are that old.

'Cause that's what every boy likes.
We cannot stand the thought of doing without,
It cuts like a knife
Without women there is no life

'Cause that's what every boy likes,
From gent to young boy
There is one thought in our minds
Where do I get a woman that's kind.

It's to women that our hearts belong,
To hold them in our arms so strong.

During the nights the love fires burn
The blood runs faster, our dreams return.
For us the only thing that counts,
Is the passion to come when the fire mounts.

KOKA There used to be, in there, in a snug corner on the top shelf, a small decanter of vodka. And us boys, we used to withdraw ourselves to that room one by one to have a small glass. To gather courage. Hussars! We, we made sure there was something there, and then we'd secretly drink it on our own.

PASHA You could argue his right: legally you are the heir apparent. You'll win, no problem.

(Pause. There is no one on the porch)

KOKA In '24 I was at the other end of the world, in Ur-kutzk, I was commander of a community centre there. It was Sunday, I had woken up a little later than usual. I was lying on my bed looking at the blue sky. It was almost spring. I had woken up with a funny light feeling, I couldn't understand why. Then I heard: "Kok-a-doodle-doo" The chickens were walking around outside. "Kok-kok-kok-ka" I had heard someone say Koka. And suddenly I realized that I was Koka. And I rushed all through the country to this place. You may not believe it but I left everything and everyone and bolted. Here it was the middle of summer. She was digging the garden, there were a few chickens in the yard. "Kok-kok-ko... -ka". Then we had tea and jam. She had a small jar of strawberry jam, cooked with honey. It was very quiet. A spoon fell to the ground. I thought the roof had fallen down.

PASHA Strawberries and honey... nice.

KOKA Next morning we were married at the town hall. We lived together for one week and one whole day. It is hard to explain.

PASHA I understand.

KOKA Life, young man, sets us riddles all the time, by the time you have solved them all, years have passed.

I had to go back to Irkutzk, I was supposed to come back in autumn for good. And again I rushed all through the country to the other end of the world. And there in July, in the heat, something stupid háppened to me. I had to save a woman from dying. (with a southern accent) I did this by living with her as husband and wife. Well, later she died anyway of dysentry... But I never came back to this house. The other one had left me her daughter, I was responsible for her...

PASHA A riddle.

KOKA Do you think I'm a bad person?

PASHA No.

KOKA I thought right away you were different from the other young people.

PASHA The history of your life does interest me.

KOKA History?

PASHA The history of your life.

KOKA Thank you.

PASHA What for?

KOKA For calling my life history. I would not call it that... Just tatters. It used to be fine lace, lace and then tatters. Here we played cerceau and Fireman... Students in linen uniforms. Lawn tennis. And then the games were over. Then the new life started. I could not do a thing, but I tried everything... I have worked in offices, at a bank once... I once played in a brass band. My father had taught me to play the French horn a little and that knowledge turned out to be enough to play in parades. Brass was all the fashion then. Then to Siberia, commander of a community centre. You know all about that. Helped construct the railway in Turkestan. Never been to the front, found unfit for military service. Worked at the station as evacuation officer, putting papers in order. Then a school for railway personnel, handing out tools... Now I live with my granddaughter in Bryansk. (southern accent) We have lost touch with her mother, she lives in the Far East. No contact at all. She married a military man, an officer. And we lived in

Bryansk. We don't even write. Old pain. She left me with her child then. Repairing the parental ties... it's too late for that now.

(Pause. Pasha looks at the postcards on the table.)

Life has always given me choices. I did not choose them, those alternatives. I was an alternative myself. A wife that wasn't mine, a daughter that isn't mine, a granddaughter that isn't mine, a great-granddaughter... not mine either. Tatters, Sir. And you call that history.

PASHA You have suffered, and where there is suffering there is history.

KOKA We have only got one room. My granddaughter will have her baby soon.

PASHA So there are four of you.

KOKA Only if they are twins. Nowadays girls don't care if the child does not have a father.

PASHA The institution of marriage is going through a crisis.

KOKA It just happened that way.

(Pause.)

PASHA You must take into account that your great grandson or whatever it will be, may not want to live like you do. That will be a new kind of Koka. He will start hating you.

KOKA Why?

PASHA Because of his uncomfortable childhood.

KOKA I'll tell him what happened, he'll understand... I've noticed young people are very delicate nowadays... His great grandfather managed, that he will appreciate...

PASHA Appreciate? That delicate great grandson of yours, is doing his homework, and on the other side of the table, his mother is ironing granddad's underpants, she sprays water on them from her mouth and a few drops hit his face... A terrible experience, I can tell you... And that will make him love you?

KOKA "You always used to long for the flames..."

PASHA Exactly, you should never have read Blok!

KOKA You frighten me.

PASHA If there is someone you should be frightened of, dear Sir, it is yourself. You could have spent your whole life with a beautiful woman in a beautiful house. You could have played cerceau all your life.

KOKA Yes, I made a mess of it.

PASHA Listen I had a terrible childhood, as far as circumstances were concerned... what good does it do?

KOKA Aren't they like children?... Now they are looking for cerceau.

PASHA Sometimes suddenly the back of my head gets cold... here... and it itches between my fingers. I do not wish that cold on your grandson or whatever it will be. It is better you sin once so that he can start afresh. Without this stupid commune business.

(Pasha takes an old magazine from the table and leafs through it)

KOKA A tennis tournament. I came fourth. There was a picture of me in the tennis magazine.

PASHA They won't live here.

KOKA Why not?

PASHA Mark my words. Have you seen how Petushok walks out of the house? Like he is being pushed all the time. And that is not the draught, no they will just play a game of cerceau and then leave again, and no one will bother about the house — poor house.

(Pause.)

KOKA In the evenings she comes home and starts knitting. I read and she knits. The television set works but we don't watch it. She has hardly any girlfriends, let alone boyfriends. Once I asked her "Who was it, darling?" Says she, "Mr. Krekshin, wouldn't you rather read to me?" Again I become an alternative.

PASHA I almost got married once. I was saved by a nostril. I wake up one morning, I turn and look at my betrothed and notice that I don't like her nostril. It was an awful nostril, and she breathed through it. We never saw each other again. *(short pause)* What do you want with this house?

KOKA There on the mantlepiece there used to be a little

wind vane in the form of a rider with little sabres, one in each hand.

PASHA I have a proposition. Suppose you sold the house to me.

KOKA On a windy day those sabres would go round and round like propellors.

PASHA If your great grandson is born it will be awfully cramped in that one room.

KOKA The doctors say it will be a girl.

PASHA Two people want something. I need a house and you need money. Let's not hesitate. Let's do this deal quickly.

(Nadya comes running with a ring in her hand.)

NADYA This was peacefully resting underneath the sixth rafter. *(puts the ring on the table and runs off again.)*

KOKA I am lost.

(It is night now. On the porch the colonists have appeared in the moonlight. They have the cerceau game with them.)

KOKA That is a long time ago... revolutions, wars... and those sticks still intact. Whole cities have disappeared off the face of the earth, and these things are still there... Why?

(Pause.)

KOKA It is stuffy.

PASHA It is safe to take off your coat now.

KOKA At the health centre they said it would be a girl. But how can they know what is in there!...

PASHA A wind vane in the form of a rider... clever. It must be possible to copy that.

KOKA How the flowers used to smell here at night!

PASHA Where did you say the flowerbed was?

KOKA Young man, I agree.

(The colonists are already in the garden. Each of them has a stick — it belongs to the game. Their moving figures make fanciful patterns between Pasha and Koka, who don't move.)

CERCEAU

A Cardinal once had a niece
A marquise, gracious and round
She loved the game of cerceau
And preferred to play with a viscount.

And into the orchard they went
Full of love and joy.
Until one day His Grace
Caught them at their ploy.

Her eyes became dull and stared
At the game of cerceau
Then she arranged her blond hair
And whispered softly: "So..."

Years went by
And suddenly the soldiers came
They'd decided to tame
The world and put it all to flame.

Before the axe could chop
The hangman held her steady
Showed her where her head would drop
And asked her, "Are you ready?"

Her eyes became dull and stared
But this time not at the game of cerceau
Then she arranged her blond hair,
And softly whispered "So..."

(The game starts. People run about, shout, little screams from the women. Suddenly Pasha raises his hand and obediently the ring lands on his outstretched arm.)

PASHA Nikolay Lyovovich you have something to tell us.

KOKA Yes, I have something to say... or rather... to show you... prove to you! In fact the thing is... Well in short, this.

(Koka takes the folded yellow paper and unfolds it.)

NADYA What is that?

KOKA I was married to Elizaveta Michailovna. This is the marriage certificate. With a stamp of the town hall. A valid document.

(Pause.)

PETUSHOK That proves that you are really my great uncle.

PASHA No Rooster, this proves something completely different. Nikolay Lyovovich Krekshin is the heir apparent. The house belongs to him.

PETUSHOK The house belongs to all of us. Be my guest.

PASHA The premises will be sold.

VLADIMIR IVANOVITCH To whom?

PASHA To me.

PETUSHOK To you? *(to Koka)* Is that true?

KOKA How long ago it is... revolutions, fires... whole cities disappeared... and look, those sticks are still intact... why?

VALYUSHA Rooster, you lost at cerceau.

CURTAIN

Morning. The garden. Fog. Rainy weather.
People are walking around the garden. Everyone, except Koka.
Petushok and Lars are seated in garden chairs on opposite sides
of the house. Petushok is holding a book.

PETUSHOK *(reads)* "Twelve pavilions can be found in
the city of Jade and in one of them, the Jade Pavilion,
exalted poets have their abode. This pavilion, a miracle
of architecture, offers a magnificent vista: from the west
on to the Palace of Knowledge, from the east on to the
Palace of Space and Coldness, and where ever one looks,
a fest for one's eyes, the perfection of shape and colour
of the slender arbours and many storied towers. One day,
the Jade Lord gave the order to have the pavilion decorated and he held a banquet for all his subjects. Heavenly music sounded and everywhere the colourful gowns
of the heavenly residents could be seen. The Emperor
filled a cup made of precious stone with heavenly wine.
This gift of honour he offered to the Great Poet and asked
him to write a poem about the Jade Pavilion. The Poet
bowed respectfully and without lifting his brush from the
paper he wrote:

> When the dew pearls
> Golden glows the amber maple...

LARS *(holding a Thomas Cook guide and leafing through this
huge book)* Route K-1: San Sebastian — Bilbao — Madrid, on even days except the first Monday of the
month...

PETUSHOK

> The Heavenly Lord ordered
> There be joy in the pavilion.
> In the night I softly fly

Towards the purple palace
　　Of cinnamon trees covered in shade —
Dark is the city of jade.

LARS "London — Ostend — Brussels — Liege — Aachen — Cologne... first and second class, departure London 5.23..."

PETUSHOK
　　Under the starlight
　Wind moves the heavenly brocade
　　　Sometimes from the blue of the clouds
　A clap of thunder sounds.

LARS "Scandinavian Ferry Lines — up to fifty sailings daily in each direction."

PETUSHOK
　　Tempted by my gift of Jade
　The green dragon rises
　　And leads me to the Red Mountain
　Away from the slumbering hall
　　　Then I look through the screen of beads...

LARS *(after a while)* "12 May, 26 July, 5 August, 27 September..."

PETUSHOK
　　Surrounded by autumn mists
　　　Deep down below
　The earth draws my attention.

LARS *(putting Cook aside)* On a soft blue Moscow evening I get into the first class sleeper, dimmed lights, humming of the ventilator, from the restaurant car a waiter in a white jacket brings me the evening meal. Coffee, cognac, pyjamas, light reading matter for the night... The next day Tchop station, the formalities of a border crossing. And I'm a European. The same car till Bratislava, and then — Vienna. From now on, I am in the care of the good old offices of Thomas Cook. But first, two hours in Vienna: Beethoven's grave, The Sezession hall, a walk on the Ring, some fresh air near the Peterskirche... *(holding the guide again)* "You should only depart from Vienna on the Mozart Express, train number 264, departure 8 p.m. The windows have velvet curtains, there is a bust of the composer in every car, the overture to 'Die Zauberföte' before departure. Until Cologne a restaurant car with Austrian food. Telephone orders from your sleeping compartment, possible..."

But I'm not going as far as Cologne — Salzburg, Innsbruck. In Innsbruck I leave and head due south. To Verona, and then — Milan. That's quite a distance from Sweden, but I like to return home in a roundabout way. A short stay in Milan, very short and then straight up, due north. "Some like it cold!..." "In the USA, Canada, Great Britain and all of Western Europe, the management of Thomas Cook can be reached through an never-failing number 24 hours a day, 365 days a year!" Next morning, Montreux — 6.18, Lausanne — 6.40, — and France, France, France... In Paris two or three days in a small hotel in the high part of the city, not far away from the Sacré Coeur. Then Cook again, gently swaying at 300 kilometers per hour. And when I reach Amsterdam station I am completely Scandinavian. The rail journey is over now. From now on it is sea, sea, sea... Two-berth deck cabin, lounge, washrooms — A, B, C, and D Class, upper deck, swimming pool with salt water, sauna, cinema, bowling, night club, casino, disco-bar, theatre...

(Pause.

An easy chair. Lars is in the chair. Behind him is a rucksack. Petushok is opposite him, book in hand.)

PETUSHOK Now I can tell you something that is so intimate, so secret.

LARS What!...

PETUSHOK That you would not even trust yourself with it.

LARS Don't bother.

PETUSHOK Listen — *(pause)* don't worry. I have nothing to say. I can only ask something.

LARS Go ahead, ask!

(Petushok is silent.)

Then I'll ask you something. A pedestrian walks from A to B. He keeps walking all of the first part of his life and arrives in ... A. Where he spends the remaining second half of his life. Why?

PETUSHOK Why did the chicken cross the road?... The earth is round.

LARS No, life is flat. So you will write to me?

PETUSHOK No.

LARS I was just going to ask you not to write to me. *(Vladimir Ivanovitch approaches. Nadya enters.)*

VLADIMIR IVANOVITCH *(to Lars)* Can't you afford a suitcase?

LARS What have you got against my rucksack?

NADYA Everything gets creased in a rucksack.

PETUSHOK You should travel through life lightly. All that I have, I carry with me.

LARS *(putting the guide in his rucksack)* They should have shot me for not having hanged myself yet.

NADYA Oh, what makes you say that!

VLADIMIR IVANOVITCH We, Nadya, have reached an age at which one should remember God. And, what will be carried on the little pillow behind your coffin.

VALYUSHA Behind mine, only the small sign, "Forty years, Moscow Zoo".

NADYA Sometimes I feel a cramp in my heart. Such a cramp, but then it goes away again...

PETUSHOK You should take more exercise.

VALYUSHA Karate.

VLADIMIR IVANOVITCH Who invited him...

(Pause.)

PETUSHOK *(to Lars)* Go, if you want, your king awaits you.

LARS And the queen.

PETUSHOK Second name "Queen".

LARS What?... what, what?...

PETUSHOK Listen, when you run into your king, tell him, in Russia there lives Rooster Petushok. He still jumps but he doesn't crow anymore. Will you do that?...

208

VALYUSHA Beautiful people those Japanese. Everything about them is beautiful. Take karate — in essence it is the art of killing, but it is disguised so beautifully. All those ribbons: pink, yellow, black...

VLADIMIR IVANOVITCH Like our grades, first, second, third.

LARS Centenary of the Sud-Express restoration of the Orient Express, official jubilee train on 2nd May 1982. "Let's go." After you!...

VALYUSHA Petushok, you forget, that we are just a moth-eaten bunch of people, a very moth-eaten bunch of people of somewhat advanced age. And what are you doing to us?... Tell us, Petushok... maybe... just maybe you wanted to arrange some kind of circus? Remember when he told us about that American experiment? He got us all together, sent a letter to the old man in Bryansk, launched Pasha... and he, he is watching from the stalls. Aren't you, Rooster?

PETUSHOK Right, let's go. This was a very successful weekend.

NADYA *(with a suitcase)* I started to do gymnastics once — my calves started to grow and I got straight shoulders. That doesn't suit a girl, so I gave it up.

(The door opens, Pasha comes out of the house.)

PASHA A group of young people in the garden. That would make a beautiful painting, after Watteau. What do you think of the door?

LARS Nice job!

PETUSHOK Tell me, does it work the same for you?

LARS What do you mean?

PETUSHOK First everything goes right, then it goes wrong.

PASHA I hope I didn't wake anyone this morning? I got up at five, lifted the door from its hinges and upholstered it right there behind the gooseberry bush.

VALYUSHA We slept like logs.

VLADIMIR IVANOVITCH Beautiful.

PASHA Double braid.

NADYA Very artistic.

PASHA Copper nails.

VALYUSHA What a picture!

PASHA It was supposed to be a surprise — you wake up and look at that door. What's this parade?

LARS What parade?

PASHA Suitcases, a rucksack, bags... as if I wouldn't notice.

LARS Why do you all keep going on about my rucksack, just pretend I've already gone.

VLADIMIR IVANOVITCH And me?

NADYA And me?

PETUSHOK *(to Valyusha)* I have a picture of you, it was taken at the agricultural exhibition.

VALYUSHA No.

PETUSHOK At the fountain, called "Stone Flower".

VALYUSHA No, that wasn't there.

PETUSHOK I asked some peasant to take the picture with my camera.

VALYUSHA I don't know anything about that.

PETUSHOK Oh, come on, I was wearing my grey coat and belt, and you had on a wide skirt with large flowers.

VALYUSHA I never wore a skirt like that.

PETUSHOK Yes, you did, you had it then, a festival model. You played Brigitte Bardot.

VALYUSHA Who is she?

PETUSHOK Don't play the fool!... There is some stupid Usbek in it too, in a quilted coat, with a scooter, must have bought it for his son... It turned out a nice picture, 6 by 9.

VALYUSHA Are you finished?

PETUSHOK Don't you really remember?

VALYUSHA Now it's my turn, the fountain was not called "Stone Flower", but "Friendship of Nations", I was not wearing a flowery skirt but a chequered one. And it wasn't Brigitte Bardot, but Jeanne Moreau. Not an Usbek but a Kazach, and not a scooter but a tricycle.

PETUSHOK Exactly, it was a little bike he had...

VALYUSHA Yes... and it wasn't 6 by 9 but 9 by 12. But all this never happened.

PETUSHOK No, I made it all up.

VALYUSHA You never even had a camera, and the peasant you asked to take the photograph never existed, and that picture never saw the light of day.

PETUSHOK No.

VALYUSHA No.

PETUSHOK No, there wasn't any picture.

VALYUSHA That picture doesn't exist.

PETUSHOK No, there is no picture.

VALYUSHA You know what? As soon as you get home you tear it up and we'll leave it at that.

PASHA Nadya, may I ask for your hand? The guests are already here. We can have the wedding right away.

NADYA But I haven't agreed.

PASHA *(to Petushok)* Nothing has changed for you, nothing has changed for me. Not for you. *(to Nadya)* You wanted to tell me something?

NADYA Me?... But you yourself wanted...

PASHA What?

NADYA You said...

PASHA Yes, yes I'm listening.

NADYA Or rather, you asked...

PASHA *(to the others)* Next weekend we will come back here. Why drag all that stuff back and forth? No one is trying to get rid of you. *No one is trying to get rid of you!*

NADYA ... Just now.

PASHA Well come on? What did I tell you?

NADYA I don't know.

PASHA Well say it, say it!

NADYA I cannot.

PASHA Why not?

NADYA It's embarrassing.

PASHA Why, why?

NADYA I didn't hear a thing.

PETUSHOK *(reading from the book)* Wen-Chan's poems so pleased the ruler, that he ordered to have them immutalised on the wall of the pavilion, and he read them out loud, once, twice and yet again.

PASHA *(fiercely)* And why, I am forty BUT I do look young? I am forty AND I do look young! AND and not BUT! AND!

(Pasha offers Nadya a wedding ring.)

LARS Me understand Russian language bad. Wedding is that just like in winter... or fish?

PASHA I asked you to be my wife. Was it really so hard to repeat that?... What, didn't anyone hear it?

(Pause.)

The wedding is cancelled due to a premature divorce. Right now for the division of the matrimonial property. Who gets what?

VLADIMIR IVANOVITCH Petya, come here! Petya! Petya! Come here quick.

PETUSHOK What's up?

VLADIMIR IVANOVITCH Hurry! Quick!... Hurry!

PETUSHOK What?... What?...

(Vladimir Ivanovitch runs to the open door and presses his back against the doorpost. For a moment he stands stiff as a board.)

VLADIMIR IVANOVITCH Now push! Push! Harder! Harder! As hard as you can. Like a bench vice. Your hand on my shoulder.

PETUSHOK I cannot push any harder.

VLADIMIR IVANOVITCH Yes, you can push! Like a bench vice!

PETUSHOK Like this?... *(Pause)* What happens if no one is around to push?

VLADIMIR IVANOVITCH Like a bench vice... Remember what happened to me, long ago, when we went on that English course? Remember what happened to me there?

PETUSHOK That course, that's twelve years ago... I thought you had gotten over it. It never troubled you afterwards.

VLADIMIR IVANOVITCH You pushed and right away I was as right as rain... Like a bench vice! Push!...

PETUSHOK I was twelve years stronger then.
VLADIMIR IVANOVITCH Push!...
PETUSHOK I'm doing my utmost.
VLADIMIR IVANOVITCH Okay.
PETUSHOK I'm really trying.
VLADIMIR IVANOVITCH Okay, it's gone. Enough.
PETUSHOK Is that better?...
VLADIMIR IVANOVITCH Take that hand away, you are hurting me!
PETUSHOK *(trembling)* You gave me quite a fright. *(Pause)*
VLADIMIR IVANOVITCH That is the way it is, Petya. That is not me, that is the flesh... the body.
PETUSHOK Does that often happen to you?
VLADIMIR IVANOVITCH Sometimes.
PETUSHOK You should see a doctor.
VLADIMIR IVANOVITCH No, Petya, I don't need a doctor.
PETUSHOK What do you need?
VLADIMIR IVANOVITCH A doorpost. *(walks along the fence)* Everything to a man, should be beautiful: his face, his clothes, his thoughts, his house, a place to go to during the summer, a place to get medicine, good food...
(It's getting darker. It could start to rain any moment. Valyusha, Nadya, Lars and Pasha are sitting on the cases, wearing their coats. Koka enters the garden through the gate. Long rain coat, "Miraculous Physics" by Perelman, in his hand.)
VLADIMIR IVANOVITCH Nikolay Lyovovich, we were worried about you, what kept you so long?
KOKA I went for a walk.
VALYUSHA You look refreshed.
KOKA There is a pool not far from here.
LARS Hey, who said there was no water here!
KOKA Rusty brown mud and car tyres on the bottom.
VLADIMIR IVANOVITCH Silting up of artificial basins followed by drying up.
KOKA There used to be carp in there.
VALYUSHA I don't like pools, water should flow.

213

KOKA I burned the marriage certificate.

VLADIMIR IVANOVITCH What?

KOKA The little bench by the pool is still there. An old man and woman are looking at the clouds. They look past the river at the clouds over the forest, and he explains something to her. He talks softly. There is a break in a large cloud and a ray of light comes through the gap — a green ray. I burned the certificate, old paper burns well.

LARS Why green?

PASHA *(to Koka)* Do you smoke?

KOKA No, never did.

PASHA I wonder where you got the matches.

KOKA Those old people, they were burning leaves and when they sat down on that bench the cloud broke, and through that gap came that green ray of light and he whispered softly in her ear, and she listened and watched. Past the pool, past the forest... I walked towards their fire. I lit it in the flames.

PASHA *(laughing nervously)* In his "Miraculous Physics" Perelman describes an interesting optical illusion. When the sun sets behind a sharply defined horizon, then at the moment it disappears behind the obstacle, the outer green ray of light of the spectrum will as it were, detach itself from the rest and for a short moment be visible to us. That is the last bit of white light. With clouds that doesn't happen very often, But in this case that mass of clouds must have had a high density. Was it a dense cloud, Nikolay Lyovovich?

(Pause.)

KOKA I behaved terribly, please forgive me?

VALYUSHA *(to Petushok)* You know what I hated most in our relationship? The way you used to introduce me to your friends year in year out as "And this is Valyusha".

PETUSHOK What would you have wanted me to say?

VALYUSHA Still, it's a good thing we never got married! We would have been divorced a hundred times by now.

PETUSHOK Do you remember the old man?

VALYUSHA All old men look alike.

KOKA Once, during those days in '24, during those eight holy days, she was looking at that picture she has of me in profile with that bloody balalaika. She said... she said, "It's a good thing that this picture just shows your profile." "Why?" I asked. "Your other side cannot be seen," she said. "What is wrong with that?" I asked. "Sorrow and mystery," she said and smiled. *(laughs)* I have to go to Bryansk. *(Exit.)*

(Pause.)

PASHA Unpack those suitcases, ladies and gentlemen, the holiday season isn't over yet.

(Vladimir Ivanovitch sits near the fence. He looks as if he has suddenly grown very old, his face is ashen, his tie is loose, his suit creased... he huddles in a blanket.)

VLADIMIR IVANOVITCH All my ancestors were farmers. Poverty. For generations they have walked around in bark shoes and duffel smocks. That explains my preference for suits. A warped form of heredity. Runs counter to it. I don't like any other kind of clothing. Even in the south, a coat and tie. I might permit myself light coloured trousers, and perforated shoes. What causes it? I wouldn't know. That goes to show what hereditary poverty does to you. Everywhere and always I have problems with food too. In the canteen they help themselves to both white and brown bread at the same time. I cannot do that. Primitive, is what I call it. Either brown or white, but never together. One of these days it will get to the point where they butter the brown bread and put the white on top. A bread sandwich. That's crazy, ridiculous. There's another thing I have noticed. They drink a glass of vodka and follow it with lemonade. It drives me crazy. You should respect a drink. You might as well put the vodka in the Seven Up right away and drink the muck. Then you've got the same thing. Now soup and the meat in it go together. But what do people do first? They spoon up the soup and a piece of meat remains on the plate, so they add salt and mustard and then eat it. Primitive I call it. Right after that, the main course will follow, why have two of them? You can work away at your steak with a knife and fork as much as you like, but the meat in the soup should be eaten together with the liquid. That is civilised. If rice is served I never eat salted gherkins or pickled mushrooms with it. With potatoes, I do! They go with them! But not with rice and macaroni. On the other hand I never eat potatoes with bread. I think, bread and potatoes are interchangeable. Tea after dinner is primitive too. Cover a hot meal with a hot drink? Only fruit juice. That creates a balance in your stomach and makes for a happy finale to the meal. What makes me do all this? No, I don't like myself, I don't know what to do with myself, my ancestors were too primitive.

VALYUSHA Petushok, you asked after my husband... My husband... my ex-husband, was a cool character. No passion, not for cards, not for horse racing. Nothing would interest him, he didn't know a single game, didn't collect anything, and didn't drink. He would not really take an interest in me either. He used to like standing in front of the window and looking out... I sometimes secretly watched his face then, very carefully, I pretended to water the plants. And then I'd carefully look at his eyes. And every time it again gave me a shock. There was nothing in his eyes at all. Nothing! Outside, children were running around, and dogs, girls in miniskirts and boys in leather jackets were walking to and fro... But his eyes were empty. And he didn't look inside himself either. There was nothing in that man, neither inside nor on the outside. And I was really glad once, when I discovered at least something in his eyes. A student from the Neighbourly Help Centre came to clean our windows. She changed quickly, tied the tail of her shirt over her tanned belly, jumped on to the window sill and started singing. And at that moment I saw something happening in the eyes of my husband... I asked the little nightingale to stay for dinner. At table my husband even looked at me with a trifle more interest than usual. Something in his soul had moved, had been startled. A tension grew between the three of us. It's crazy, but I was very happy about it. At least it resembled life. She had these fine yellow eyebrows and instead of 'TH' she pronounced 'F'. I asked her to come and clean for us. After that we used to eat together, have tea, and she used to hum her tunes... Then one time they left together and I was left on my own. I had lost the game. But at least something had happened in our lives. Otherwise we might have continued through life for another thirty years without anything special happening. The man had woken up. Thank God.

PETUSHOK Valyusha and I met at the police station. There'd been an accident, a collision, before our eyes. But we didn't know each other then, we were even walking on different sides of the street. There were no casualties. Just an old man who had collapsed suffering from shock. We were taken to the police station as witnesses. We signed the report and we were asked to take the old man home. We took him to his little room, he lay down on the couch and fell asleep immediately. He was lying there so rosy and happy as if he was already in his coffin. We were sitting on two chairs next to each other like in a cinema. There we were, the old man asleep. Time passed irrevocably — there was a smell of apples — a little while later we were kissing each other. At that moment the old man opened his eyes and said "Congratulations," and fell asleep again. Later he often gave us the key to that little room.

(Koka comes out of the house carrying his shabby briefcase, he sits down on the bench.
Pause.)

NADYA I'll probably get married soon. To a pilot. A helicopter pilot to be exact. I got him from a magazine-'Aviation'. He had pulled off a stunt, landed his 'copter on an open air dance floor. Didn't even damage a guitar string, it was all very polite. His 'copter had broken down over that town, houses everywhere, no room to land, but it fitted exactly on to that dance floor. He repaired his helicopter, offered his apologies to the dancers a second time and lifted off. And everyone continued dancing. When I read that article, I immediately wrote to him, care of his unit and he wrote back, very polite.

VALYUSHA Well, Nadya, aren't you something!... Is he handsome?

NADYA Oh, of course I was again unlucky, there was no picture with the article, but once he'd sent me a picture, well, when I looked at that... Good heavens!

VLADIMIR IVANOVITCH That bad?

NADYA Alain Delon! Our chairman told me, "If you get married you can have that apartment!" First I didn't want it — letters are just letters... But now I'll do it.

PETUSHOK Lucky Delon.

NADYA He has his own apartment. But then again it's only two rooms.

LARS That 'copter pilot of yours doesn't perchance work on the Jackson-Miami line does he?

NADYA No, near Moscow.

LARS 'Cause, I used to know one. Bob. Great chap. Something very stupid: once I travelled with a friend to Miami on holiday, no arrangements made, and for one reason or another our tickets didn't take us any further than Jacksonville. Everyone travels to Miami by train but we wanted to go by helicopter! We arrive and start looking for a room, not on the seafront, but high on the mountain. On the seafront everything was fully booked. The houseowner is wearing a flannel check shirt. Thirty degrees and he is wearing flannel. And he has got a beard, a small, hard beard, as if the hairs had been stuck together. He lives in one room, the other he lets. We wake up in the morning, we go for a wash, but there are no towels. We call the boss. He is wearing his flannel shirt again. "Towels," he says, "are not included." "What do you mean, not included? Two dollars for a bed like that and still not included? Two dollars, two bucks!" And the hairs of his beard are so thick as if they are stuck together... What an idiot! "And the sheets," I say, "are they included?" "Yes, they are included." "And the pillow, is that included?" "Yes, that is included." "And the towel?" "No, the towel is not included" My friend and I, "It is included, you idiot!" We go for him. "It is included, you son of a bitch!... or else we'll cut off your beard!" He gave us a towel, one 'included' towel. Only one, for the two of us, but included. 'Cause we hadn't brought anything to dry ourselves with; in hotels, in trains, everywhere it is included. He gave us a very narrow towel, very short too. He wanted to save as much as he could of his two dollars, the bastard! He economized on length.

We had lovely weather then. Then back to Jacksonville — we took the train like everyone else. Nice holiday though.

(Pause.)

PASHA *(head leaning back)* A bird flew past, but I don't know its name. That's bad.

PETUSHOK Snowbird.

PASHA Are they here in summer?

PETUSHOK Why not?

PASHA The name sounds so...

PETUSHOK What?

PASHA Cold. I must take up ornithology one day.

LARS Nikolay Lyovovich. I wanted to tell you... we thought to suggest... we're talked the matter over... We are leaving. Why don't you and your offspring come to live in this house and enjoy it. We'll visit on Saturdays and Sundays. By car *(in a aside to Nadya)* or by helicopter. When the weather is good for flying.

NADYA Oh please!...

KOKA No, no. I have to go home. I'll be all right, there is always an alternative. They have promised me something in Bryansk, I applied... our neighbour will get an apartment, we can have his room... I'll be all right. I behaved disgracefully. I'm just worried about one thing,

that I will not be able to tell this to the newborn baby…
I'll tell him how that paper burned. The edges were
charred, and then one by one the letters started to dis-
appear. It seemed as if a big maple leaf was burning.
Nowadays children grow up fast. Maybe I'll just make it.
PETUSHOK But wouldn't you rather…
KOKA No, no. I have to go to Bryansk.

*(Petushok walks towards the house, he takes one of the boards
that have been used to block the windows and is now leaning
against the house. He fits the board to the window.)*

PETUSHOK Pasha, give me a hand.

*(Paha goes to Petushok. Together they hold the board against
the window.)*

NADYA *(opens her purse and looks for something)* But we are
not going to the Marriage Palace, the Registary Office
will do fine. At the Palace, you have to order
champagne…

PASHA Vladimir Ivanovitch, can you please look if this
is straight or not?

VLADIMIR IVANOVITCH *(coming closer)* The right side
should be a little higher.

PETUSHOK Like this?

VLADIMIR IVANOVITCH Yes, that's right.

(Pasha and Petushok raise the right side of the board a little)

NADYA *(looking among her papers)* My pilot is allergic to
fizzy drinks. *(finds a picture and shows it round)* Valyusha,
look, Alain Delon. He wrote to me about everything,
about that too. "Fizzy things" make his eyelids swell.
He doesn't drink at all.

*(Lars takes the board. Pasha picks up the hammer and the
nails.)*

PASHA That is my job. *(hammers)* What are you anyway,
a Swede or a Balt?

LARS Let's just do just like as we please! *(hammer and
nails)* I'll think of you in Istanbul, seated in the restaurant at the Paveletski Station, on the Aegean, sipping
my Seven Up! Skol!

(Pasha nails the board down.

Pasha, Petushok, Lars, Vladimir Ivanovitch, take the boards and go to the door to nail that shut too.

NADYA *(puts the picture back into her purse and closes it.)* I don't drink either. I'm often offered a drink, but I always refuse, it's a bit embarrassing actually. In our block of flats in the porchway, neighbours that drink, have a sort of club. Late one evening I pass it, it's winter, cold, hardly any lights... creepy... They are very polite... I refuse and they say, "You don't have to drink anything if you don't want to, but do come inside and see what it looks like." I did once. In one of those little cupboards on the wall where you find the fire hydrants, they've made a shelf, covered by a newspaper, its edges cut in a fringe. They had everything, glasses, plates, knife, fork... and a little dog walking between everyone's legs. One gives him a sausage, another a piece of bread... cute dog. Brown. All very nice. Very nice. "See you again Miss, hope you'll drop by sometime again." I get up and go and that dog follows me, doesn't want to leave me anymore... Like Kashtanka! When I was small my grandmother used to read to me every night at bedtime from that little book. That's why I always dreamt of dogs during the night and in the morning my grandmother would say that that had been a good dream — a dog means friendship... Meanwhile it had come dark, and the streetlights had been lit on both sides of the street, and lights had appeared in the windows of the houses. Some soft feathery snow fell, painting the road, the backs of the horses and the hats of the drivers, white, and the darker the sky got the whiter these objects seemed. Kashtanka ran back and forth to find her owner. In my block of flats, near my entrance several unknown people passed her without stopping, kicking her and blocking her view. They were all rushing somewhere and took no notice of her at all. A feeling of despair and horror came over Kashtanka. She hid herself in a doorway and started to cry pitifully . Her ears and paws were frozen with cold and she was terribly hungry. That whole day she had

221

only twice had something to chew. At the bookbinders she had eaten some of the paste and in one of the bars she had found a sausage skin near the bar counter — and that had been all. If she had been human she probably would have thought, "I cannot stand this any longer, I'll fire a bullet through my head!"

(And then there is a scream from Koka.)

KOKA What have I done?.

VALYUSHA Shhhh. Be quiet...

KOKA How could I?...

VALYUSHA Dear Nikolay Lyovovich, calm down, please.

KOKA Let me go!

NADYA Where?... Where does he want to go?... Stop him!

KOKA Wait... Please wait!... How could I!...

VALYUSHA Calm down, my dear, calm down...

KOKA No, no... I have to... go there... I cannot... Let me go!... let go!...

(Koka pulls himself free from the hold of Valyusha and Nadya, runs to the door and disappears into the house.

All are bewildered and upset by the old man's hysteria. A moment later Koka appears at the door. Triumpantly he holds a little packet over his head.)

KOKA Look!... Look!... I almost forgot... softening of the brain, a mind like a sieve. Left them on the bedside table. Rubber teats! Babies' dummies! I had bought them for my great grandson... or what ever it will be. In Moscow you can buy marvellous dummies, where we are you cannot always get them. But now at least we will have some in stock... Thank God...

(Suddenly Pasha grabs the packet from Koka and throws it into the bushes.)

PASHA Get rid of that stuff!

KOKA What?... Why?...

PASHA Its rubbish!

KOKA I had bought them... If he is born... at least we will have some...

PETUSHOK *(to Pasha)* What are you doing, you fool... playing tricks on the old man! That man is old, you know!

KOKA I looked all over town for them...

PASHA *(to Koka)* I'll get you dummies, Swedish ones. They taste nice. A whole set of them.

KOKA Why Swedish?...

PASHA I have them at home. I've got them. A whole set of them. Twelve of them. Isn't that enough?

KOKA There were eight in...

PASHA If from your early childhood you are given the stinking products of the Rubbertrust Cooperative to suck on, you will ache for a proper dummy all your life.

KOKA I'm sorry...

PASHA I want your great grandson to have a tasty start in life. Maybe he will turn out better than us.

KOKA Thank you.

PASHA I'll take you to the station. But don't pick up that junk.

(Pause.)

VALYUSHA I'm such a fool. I packed my umbrella and it's going to rain.

VLADIMIR IVANOVITCH Let's take mine.

VALYUSHA Do you think we will fit underneath it?

VLADIMIR IVANOVITCH I think so.

(Pause.)

VALYUSHA The sun has set, and immediately it gets cold. It's almost autumn.

NADYA If there is an eclipse, does it get dark?

LARS Twilight.

NADYA I went to the cinema once. When I came out I heard there had been an eclipse. I had missed it.

PETUSHOK I'll just check on the calendar when the next one is due.

VLADIMIR IVANOVITCH That will be a while.

NADYA I'll wait.

LARS You should blacken a piece of glass with smoke. Through such a darkened piece of glass you can see everything.

NADYA Aha.
PETUSHOK There's the rain.
VALYUSHA I thought... It occurred to me that we could live in this house now.

CURTAIN

CREDITS

Special thanks to: Renate Klett (Theater der Welt)

And Annette Kremer, Wolfram Kremer, Ivan Nagel, Thomas Petz, Heinrich Pfielshifter, Sabette Wallenstein

And the London International Festival of Theatre and Lucy Neal.

And the Dutch Ministry of Culture (Direktie Internationale Betrekkingen), the City of Rotterdam, the Rotterdamse Kunststichting, VPRO-TV, NRC-Handelsblad, VAAP (Moscow), Theater Heute

And Janek Alexander, Ivo Blom, Pieter Christiaans, E.H. van Eeghen, Barbara Lehmann, Roderic Leigh, Frans van Liempt Jr., Evan van der Most, Wil Steeman, Anne Stoffel, Bob Takes, Rob Vunderink, Neil Wallace, Hans van Zonneveldt

And the many people who have helped to make this production possible.

We would also like to thank the piano suppliers Piano-Atelier Hupkes & Soesman.

The presentation of *Cerceau* in Holland would have been impossible without the financial support of the City of Rotterdam and the Dutch Ministry of Culture.

Alexis Bogdanov
249 K155
Poe English

Grow up daughters
of a young man